Régimen cambiario y estabilidad inflacionaria

VISIÓN DESDE LA ECONOMÍA POLÍTICA

Miguel Ignacio Purroy U.

Régimen cambiario y estabilidad inflacionaria. Visión desde la economía política
© Miguel Ignacio Purroy U., 2015

Primera edición de tapa blanda: febrero de 2015
ISBN: 978-1505480221

Diseño de portada: Reynaldo Álvarez
Director de Arte, Equis Creadores de Imagen

Maquetación: Valentina Truneanu

TABLA DE CONTENIDO

PRIMERA PARTE

UNA TEORÍA POSITIVA DE LA INFLACIÓN

PREFACIO

La idea seminal del libro nace en el propicio ambiente de investigación brindado por el Andrés Bello Fellowship en el St. Antony's College de la Universidad de Oxford durante el año académico 1995-1996. El paso previo por el Directorio del Banco Central de Venezuela en medio de la más grave crisis bancaria y cambiaria de la historia venezolana despertó en el autor el interés por el problema de la elección de régimen cambiario-monetario y su nexo con la estabilidad financiera e inflacionaria. Fruto de esa investigación sale a la luz en 1998 un libro titulado *Inflación y régimen cambiario: un enfoque de economía política*, reeditado luego en 2006. La posterior actividad docente e investigadora en las materias de Sistemas Monetarios Internacionales y Economía Cambiaria permitió ampliar el ángulo de visión para abordar el dilema central que ha ocupado a la teoría monetaria internacional desde sus mismos orígenes: cuándo y por qué les conviene a los países conformar un área monetaria, es decir, integrarse monetariamente. Apasionante ha resultado también observar el nacimiento, auge y crisis del experimento de la unión monetaria europea, al igual que los intentos de integración del mundo latinoamericano y caribeño. De la continua indagación de estos asuntos nace en 2013 el libro titulado *¿Moneda común o propia? Teoría y experiencias de la integración monetaria*, concebido como un tratado lo más comprehensivo y estructurado posible sobre el tema.

La extensión de esta segunda obra (617 páginas) y su rigor académico la hacían difícil de abordar por parte de un público lector más amplio. Este hecho, aunado a que su publicación se hizo en una editorial local convencional, ha servido de estímulo para el esfuerzo de convertir cada una de sus tres partes en libros autónomos y hacerlos accesibles tanto en las principales plataformas digitales como en la modalidad de impresión por demanda. Además de hacerlos más asequibles, el autor ha realizado un trabajo de complementación que permita leer cada uno de los tres libros de forma independiente y sin necesitar prelaciones. El primero de ellos se titula *La utopía de la moneda común. El debate sobre la integración monetaria y régimen cambiario*, publicado a fines de 2014, que sienta las bases para comprender el fenómeno de la integración monetaria en el marco de la teoría de las áreas monetarias óptimas. Este segundo libro que el lector tiene en sus manos aborda la interesante problemática de la elección de régimen cambiario-monetario desde la perspectiva de su impacto sobre la inflación y, en general, su contribución a la estabilidad nominal de la economía. Y el tercer libro, a ser publicado en la segunda mitad de 2015, contendrá los estudios de caso de Europa, como la más importante experiencia histórica de integración monetaria, y de América Latina, como el escenario de una gestación incipiente que necesita aprender de las lecciones del viejo continente.

¿Qué relación existe entre inflación y régimen cambiario? ¿Es verdaderamente importante mantener la inflación bajo control? ¿Cómo condiciona un régimen cambiario u otro las posibilidades de éxito de un programa anti-inflacionario? Fundamental para entender estas relaciones es comprender el proceso inflacionario como lo que es: un juego interactivo de incentivos y expectativas entre el gobierno y los privados, en el que el gobierno tiene motivos racionales para crear inflación y los agentes económicos se adaptan protectivamente a esa actuación de las autoridades. Esta dinámica es captada en un modelo que muestra la diferencia de resultados en materia de inflación dependiendo de qué régimen monetario y cambiario se adopte.

Como principio básico de actuación, un gobierno elegirá el régimen cambiario que mayores beneficios le produzca o, más pragmáticamente, menores costos le represente. Su decisión se moverá dentro del clásico dilema o *trade-off* entre la promoción del empleo y la estabilidad de la inflación, ante el cual los gobiernos tienen diferentes prioridades y evalúan por lo tanto de diferente forma el costo de la inflación o el del desempleo. No hay duda de que las autoridades tienen el incentivo racional de implementar políticas expansivas que les reporten ganancias en términos de empleo o competitividad, pero ellas terminan tarde o temprano generando inflación. En qué medida un régimen cambiario u otro disminuye este incentivo perverso de generar inflación es precisamente el tema central del libro.

Quizás los lectores no versados en las herramientas formales de la ciencia económica encuentren cierta complejidad en las secciones de los capítulos V y VI en las que se procede al desarrollo formal del modelo, pero saltarse esas partes no le impedirá seguir el hilo argumental del libro. Lo importante es entender el planteamiento del problema, las hipótesis de trabajo y la interpretación de los resultados. La profusión de notas a pie de página tampoco debe abrumar al lector menos especializado, ya que obviarlas no le impedirá avanzar fluidamente en la lectura del texto sin ahondar en detalles o derivaciones, si así lo decidiese; mientras que al lector académico las notas le permitirán orientarse a través de la muy amplia literatura sobre el tema y le proporcionarán disquisiciones más técnicas o datos adicionales, así como opiniones contrastantes.

Una comprensión básica del fenómeno cambiario es indispensable no sólo para los analistas del devenir de la economía, sino también para los hacedores de política y para los ciudadanos con deseo de entender el entorno donde viven. El libro hace un esfuerzo especial por presentar este contenido complejo de forma pedagógica, ordenada y sistemática.

I

INTRODUCCIÓN

En este capítulo introductorio pretendemos que el lector entienda cuál es la cuestión fundamental sobre la que pivota el libro. Será necesario también aclarar algunos conceptos centrales como la definición de integración monetaria, la diferencia entre *política* y *régimen*, la relación entre integración monetaria y régimen cambiario, o la vinculación entre integración monetaria y estabilidad económica. Así mismo se le ofrece al lector un resumen del hilo conductor argumental que recorre el libro, capítulo por capítulo, cuya comprensión le será muy necesaria para encajar las piezas de este interesante mundo de la economía cambiaria y monetaria. Una observación metodológica cerrará esta introducción.

1. LA CUESTIÓN FUNDAMENTAL

Este libro descansa sobre dos pilares de convencimiento. El primero es que el régimen cambiario importa, y mucho. Importa porque la elección de régimen condiciona el marco de posibilidades de la política monetaria. Importa porque define la forma de relacionamiento de un país con su entorno. Importa porque es el sustento de la estabilidad financiera o, por el contrario, el disparador de la inestabilidad. Y el segundo pilar de convencimiento es que la inflación también importa, y mucho. Esta afirmación pudiera parecer banal, pero basta remontarse tres o cuatro décadas en el pensamiento económico para constatar que la estabilidad de precios solía quedar relegada a un segundo o tercer nivel de prioridad. Importa la estabilidad inflacionaria porque ofrece el marco propicio para la inversión y el crecimiento. Importa porque permite que las señales de precios generen la información y los incentivos para un eficiente funcionamiento del mercado. E importa porque la inflación tiene un efecto regresivo sobre la distribución del ingreso.

Si la inflación y el régimen cambiario importan, ¿qué relación existe entre ambos? ¿Por qué y cómo un determinado régimen cambiario puede ser el habilitador de la estabilidad nominal de la economía? Para llegar a responder esas preguntas se necesita conocer primero la esencia del fenómeno inflacionario, la cual está primordialmente ligada a una doble motivación que todo gobierno tiene: por un lado, obtener recursos fiscales por la vía del señoreaje que se genera en toda emisión de dinero o, por otro lado, promover actividad económica y empleo mediante políticas económicas expansivas. En ambos casos, la efectividad de las políticas se incrementa cuando la acción del gobierno es sorpresiva, ya que así los agentes económicos no pueden adelantarse para armar esquemas de protección contra la inflación. A lo largo del tiempo, sin embargo, el juego de expectativas, de acciones y reacciones de todos los agentes involucrados conduce a resultados que no suelen ser óptimos. La cuestión que aquí nos ocupa es indagar cómo determinados regímenes cambiarios pueden mejorar esos resultados, específicamente en cuanto al nivel de inflación.

Una variable clave para entender la relación entre régimen cambiario e inflación es la reputación de las autoridades o su credibilidad en cuanto al compromiso en pro de la estabilidad de precios. Aquí la influencia es bidireccional. Que un gobierno elija un determinado régimen cambiario puede enviar una señal de cuál es su nivel de compromiso a favor de la estabilidad. O también puede suceder que se elija un determinado régimen para contrarrestar la falta de credibilidad y tomar prestada la credibilidad de otra moneda ancla.

Para darle sustento teórico a esta relación el libro desarrolla un modelo de comportamiento de los agentes económicos (gobierno y privados) que evidencie el incentivo racional del gobierno de obtener ganancias de empleo o competitividad mediante acciones sorpresivas de política –el problema de la inconsistencia temporal de las políticas– y cuál es el resultado en términos de inflación y empleo dependiendo del régimen monetario y cambiario que se adopte.

El enfoque aquí utilizado bebe de las fuentes de la economía política. La elección de régimen cambiario es una decisión eminentemente política, en la que la principal consideración es la comparación de costos y beneficios políticos que un régimen u otro pueda acarrear. Una decisión nada fácil, porque, como se evidencia en las conclusiones del modelo, los costos dependen en buena medida del grado de exposición de una economía a perturbaciones externas, así como del grado de credibilidad del que gocen las autoridades. Una interesante extensión del modelo permite entender cómo estrategias electorales pueden modificar la racionalidad de la decisión en pro de un régimen cambiario u otro. Un gobierno populista, por ejemplo, puede tener el incentivo pre-electoral para atarse las manos mediante la elección de un régimen de tipo de cambio fijo y así disipar la preocupación de los electores sobre su mayor preferencia por expansionar la economía en detrimento de la estabilidad de precios.

Los regímenes cambiarios se clasifican fundamentalmente por el criterio de qué tan flexible o rígido es el tipo de cambio. Esta decisión de las autoridades, que pudiera parecer banal, tiene enormes implicaciones para el funcionamiento de la economía. Para empezar, el esquema de flexibilidad o rigidez que se adopte condiciona directamente el rango de posibilidades de la elección del régimen monetario, e igualmente a la inversa. Lo monetario y lo cambiario son dos dimensiones inseparables de la política económica. El valor de la moneda y su inverso, la evolución del precio de los bienes y servicios –inflación–, son el núcleo central de la política monetaria; lograr anclar el nivel de precios es el objetivo principal de un banco central, al menos en tiempos modernos. Si la moneda de un país está atada (rígida) a la moneda de otro país, será la política monetaria del banco central de este país la que determine el nivel de inflación del país que ata su moneda. Cuando, por el contrario, un país prefiera perseguir sus propios objetivos monetarios, su moneda debe estar libre de ataduras (flexible) respecto de cualquier otra moneda. La opción entre atar una moneda a otra o dejarla flotar depende de la decisión sobre el marco monetario que un país decida adoptar. Igualmente, cualquier decisión sobre el régimen cambiario condicionará irremediablemente la actuación monetaria.

En paralelo, los regímenes monetarios pueden clasificarse según el grado de autonomía o integración de una moneda. Como los regímenes cambiarios son en el fondo y principalmente regímenes monetarios, el espectro existente entre fijación y flotación cambiaria es espejo del espectro entre integración y autonomía monetaria. Optar por la integración monetaria con otro u otros países equivale a optar por un régimen cambiario de paridad fija o, en el extremo, renunciar a emitir una moneda propia (dolarización) o adoptar una nueva moneda común (unión monetaria)[1]; al igual que optar por la fijación o unión

---

[1] El término "dolarización" se emplea genéricamente para describir la decisión de un país de renunciar a su propia moneda y adoptar la de otro país como moneda de curso legal, subordinando su política monetaria a la de ese país. A pesar del término utilizado, no tiene por qué ser el dólar la moneda adoptada. La unión monetaria, por su parte, nace como un arreglo "inter pares" que deciden crear y adoptar una moneda común y una única autoridad monetaria.

cambiaria obliga a coordinar (integrar) plenamente las políticas monetarias y a perseguir los mismos objetivos monetarios. Cuando, por el contrario, un país prefiere mantener sus propios objetivos de política monetaria, debe dejar flotar su moneda. En definitiva, fijación cambiaria e integración monetaria son las dos caras de una misma moneda, como lo son también flotación cambiaria y autonomía monetaria. Por eso, cuando un país elige un determinado arreglo cambiario, está al mismo tiempo y en el mismo acto eligiendo un régimen monetario.

Es precisamente esta íntima relación con lo monetario lo que le confiere al tema cambiario su fascinación, su riqueza de matices y su complejidad teórica y práctica. Las razones que pueden conducir a un país a elegir un determinado régimen cambiario no son menos complejas que las que lo motivan a elegir un régimen monetario. Igualmente, las consecuencias o efectos de tal elección no difieren mucho de las consecuencias que un determinado marco monetario pueda tener sobre la economía. La elección de régimen cambiario no es, por consiguiente, un tema banal, como podrá apreciar el lector en el transcurso del libro.

La decisión de cuándo a un país le conviene integrarse monetariamente —atar su moneda a otra—, o preservar su autonomía monetaria —flotar flexiblemente su moneda—, ha sido tradicionalmente abordada con el instrumental analítico de la teoría de las áreas monetarias óptimas. La cuestión a dilucidar es cuál es el ámbito geoeconómico en el que resulta óptimo tener una misma moneda y una misma autoridad monetaria, es decir, plena integración monetaria. Esta es la cuestión central de la economía cambiaria. En un primer momento, desde el aporte seminal de Mundell (1961), el foco de atención se centró en las características estructurales de la economía o en la variabilidad de la actividad. A partir de la década de los 80, y especialmente en los 90, la inflación, más que la actividad económica, pasó a ser el centro de la atención de las autoridades y de los economistas. De esta forma, las virtudes o méritos de un régimen cambiario u otro se desplazaron desde la esfera real hacia la esfera nominal de la economía[2].

Mucho han discutido los economistas sobre el impacto de la política cambiaria-monetaria –que se expresa en variaciones de magnitudes nominales– sobre las variables reales de la economía, básicamente sobre el nivel de actividad económica y el empleo[3]. Fluidos ya inmensos ríos de tinta bajo el puente de esa discusión, la opinión académica se inclina hacia el escepticismo respecto a la efectividad de las políticas nominales sobre la economía real, especialmente en el mediano y largo plazo. Más consenso hay también respecto a la relación entre las actuaciones cambiarias y la inflación, lo cual no debe extrañar por la estrecha relación de lo cambiario con lo monetario. De ahí que la relación entre régimen cambiario e inflación ocupe hoy un lugar tan importante en el tratamiento del tema cambiario. Si el objetivo central de la política monetaria es la estabilidad nominal de la economía, la evaluación de los costos y beneficios de la integración monetaria y cambiaria debe considerar principalmente el efecto inflacionario de tal elección. Ese es el propósito de este libro.

2. DISTINCIÓN ENTRE RÉGIMEN Y POLÍTICA

La distinción entre *régimen* y *política* es de fundamental importancia para entender la línea argumental del libro. Esta distinción es válida tanto para la economía cambiaria como para

---

[2] Ver Purroy (2014) donde se desarrolla sistemáticamente la discusión sobre la elección de régimen con ayuda del instrumental analítico de la teoría de las áreas monetarias óptimas.

[3] Ver Mills y Wood (1993), Ghosh, Gulde, Ostry y Wolf (1995) y Rose (2011) para un recuento sucinto de las posiciones.

la economía monetaria. En ambientes académicos y políticos, especialmente en los que se ocupan del problema del desarrollo, es mucho lo que se habla de política cambiaria-monetaria y relativamente poca la atención que se le dedica al problema del régimen cambiario-monetario. A veces, ni siquiera hay conciencia de que son dos cosas distintas. Por eso es bueno aclarar desde el principio que este libro se ocupa primordialmente de los regímenes y sólo subordinadamente de las políticas.

En el ámbito cambiario, cuando se discute sobre si una moneda está sobrevaluada o subvaluada o sobre si la estrategia de crecimiento económico hace recomendable una apreciación o una depreciación del tipo de cambio real, estamos hablando de *política cambiaria*. También cuando se elaboran conjuntos de medidas monetarias y cambiarias con el propósito de ubicar el tipo de cambio en una determinada senda, se está haciendo política cambiaria. La discusión sobre el régimen cambiario, sin embargo, se ocupa del marco institucional y de las reglas de funcionamiento del mercado cambiario. Interesan los mecanismos a través de los cuales se forma el precio de las divisas y se regula su tenencia e intercambio. Para expresarlo en términos más directos, la política cambiaria se ocupa del nivel del tipo de cambio y de las acciones para alcanzarlo, mientras que el régimen cambiario simplemente determina el grado de flexibilidad o rigidez con que se mueve el tipo de cambio. La política cambiaria se expresa en actuaciones concretas de las autoridades, mientras que el régimen define las reglas que rigen esas actuaciones. Cuanto más flexible sea el tipo de cambio, menos estructurado y formal será el régimen.

En el ámbito monetario debe hacerse similar distinción. La *política monetaria* es el conjunto de acciones de política para alcanzar y mantener un determinado nivel o senda de evolución del dinero y de los precios. El objetivo final es la estabilidad nominal de la economía, para lo cual los objetivos monetarios intermedios –base monetaria, dinero circulante, etc.– son gerenciados por la autoridad monetaria mediante diversas herramientas como las tasas de interés o las operaciones de mercado abierto. El *régimen monetario* es el marco institucional y el conjunto de reglas que rigen la actuación de la autoridad monetaria en el ejercicio de su política monetaria. La primera característica que define un régimen monetario es el grado de discrecionalidad o reglamentación con el que se desenvuelven las actuaciones monetarias de la autoridad. Cuanto más discrecional sea el manejo de la política, menos estructurado y formal será el régimen monetario.

En un segundo nivel, los regímenes monetarios se diferencian según el ancla nominal que utilizan para estabilizar la economía nominal. Se habla de *ancla cambiaria* cuando la autoridad monetaria interviene en el mercado cambiario para mantener el tipo de cambio en un determinado nivel o rango de oscilación. El tipo de cambio funciona, por consiguiente, como el ancla nominal o el objetivo intermedio de la política monetaria. Se dice que un país utiliza un *objetivo de agregado monetario* cuando la autoridad monetaria emplea sus instrumentos de política para alcanzar un objetivo intermedio de tasa de crecimiento de alguno de los agregados monetarios, como la base monetaria o diferentes medidas de dinero, generalmente M1 o M2. Cuando el país adopta un *objetivo de inflación*, la autoridad monetaria anuncia públicamente una meta numérica de inflación y asume un compromiso institucional auditable de alcanzar ese objetivo a mediano plazo, para lo cual direcciona sus actuaciones hacia ese fin. Cuando una autoridad monetaria no preestablece ni anuncia un tipo de ancla nominal, sino que toma decisiones discrecionales ad hoc, está optando por un marco monetario discrecional.

En pocas palabras, que un banco central decida que la inflación no exceda, por ejemplo, de un tres por ciento anual y ejecute acciones para lograr ese objetivo, es asunto de la política monetaria; pero que esa política la enmarque dentro de un compromiso público, preanunciado y auditable de objetivo de inflación como ancla nominal es materia de régimen monetario.

No es de extrañar que haya una marcada correspondencia entre el tipo de ancla nominal utilizada por un régimen monetario y el tipo de arreglo que define a un régimen cambiario. Todos los regímenes cambiarios fijos tienen su correspondencia en regímenes monetarios cuya ancla nominal es el tipo de cambio. Todos los regímenes cambiarios flotantes se corresponden con regímenes monetarios que definen autónomamente sus objetivos monetarios o, en el extremo, los fijan discrecionalmente. En el intermedio existe multiplicidad de combinaciones de regímenes.

Utilizando el símil político de las naciones, el régimen equivaldría al marco constitucional, la *carta magna* que gobierna y limita las actuaciones de las instituciones y de los ciudadanos. Es en ese marco donde se establecen arreglos fundamentales de funcionamiento del país, como serían el régimen de elección de representantes, la separación de poderes, el carácter de Estado social de derecho, etc. Las políticas serían los instrumentos legislativos y normativos que definen las actuaciones de los distintos órganos del Estado y los recursos que les son asignados para la obtención de determinados objetivos concretos.

Dicho en términos sencillos y generales, los regímenes tienen que ver con las *reglas* de conducta que gobiernan las actuaciones de las instituciones, mientras que las políticas son las *actuaciones* concretas de las autoridades dentro de un determinado marco regulatorio.

3. Importancia del régimen cambiario para el desempeño inflacionario

Nadie pone en duda que la política cambiaria es importante. Pero, ¿se puede decir lo mismo del régimen? La respuesta es que sí importa, y mucho. Del régimen cambiario-monetario, entre otras cosas, dependerá la capacidad de una economía de responder frente a perturbaciones. Cuanto más flexible es el tipo de cambio, mejores serán supuestamente las posibilidades de amortiguar los vaivenes del ciclo de negocios y estabilizar el nivel de actividad económica. Pero un uso intensivo de la herramienta cambiaria tiende a desestabilizar el nivel de precios, lo cual obliga a las autoridades monetarias a emprender acciones correctivas que pueden desembocar en un nocivo ciclo de contracción-expansión del empleo y del producto. La elección de régimen cambiario-monetario es importante, porque, a fin de cuentas, la ciencia económica gira alrededor de la preocupación por la estabilidad, incluidos dentro de ella los equilibrios en el crecimiento. Sea cual sea el objetivo elegido de estabilidad (empleo o precios), el grado de flexibilidad o rigidez del tipo de cambio será determinante para su consecución.

Sin entrar ahora en la diatriba de cuáles son los efectos sobre la economía real, hay más consenso en el hecho de que la elección de régimen cambiario es importante para el desempeño inflacionario de una economía. Demostrar esto será el objetivo principal del presente libro.

La historia monetaria internacional ha estado signada por vaivenes entre regímenes cambiarios rígidos y flexibles, que han guardado una estrecha relación con los cambios de moda en el pensamiento económico. A su vez, estos cambios de moda del pensamiento han estado ligados a los desarrollos que se han ido produciendo en la esfera geopolítica internacional. Un sistema monetario internacional construido sobre tipos de cambio fijos requiere la existencia de un liderazgo hegemónico y de mecanismos vinculantes de coordinación internacional que garanticen su viabilidad. Por esta razón, aun cuando los cambios de moda motivan a los "hacedores de política" a crear las condiciones institucionales para la aplicación de un determinado régimen, las circunstancias geopolíticas deben estar dadas también.

Tres han sido las cuestiones centrales alrededor de las cuales han girado los cambios de moda del pensamiento económico. La primera cuestión se refiere a las preferencias de las sociedades, y de sus gobiernos, respecto del sempiterno conflicto entre estabilidad de *precios* y estímulo del *empleo*. Períodos en los que el objetivo de estabilidad de precios ha tenido prioridad han testimoniado la predominancia de regímenes cambiario-monetarios fijos o rígidos. Períodos en los que los gobiernos han privilegiado el estímulo del empleo (o de la competitividad externa) han sido más proclives a adoptar regímenes donde el tipo de cambio se pudiera mover con flexibilidad. En segundo lugar, la controversia ha girado alrededor de la *efectividad o inefectividad* de políticas nominales para lograr efectos reales. Los partidarios de la flexibilidad cambiaria han solido creer en la efectividad de variaciones del tipo de cambio nominal para lograr metas de competitividad externa. Una devaluación nominal, por ejemplo, mejoraría la balanza corriente de un país. Mientras que los partidarios de la rigidez cambiaria acostumbran a ser escépticos respecto de la capacidad de obtener resultados reales mediante manipulaciones de la oferta de dinero o del precio nominal de la divisa; los agentes económicos no sucumben permanentemente a la "ilusión monetaria". De lo anterior se deriva una tercera divergencia acerca del *grado de activismo* de la política monetaria-cambiaria. Quienes privilegian el objetivo de la estabilidad de precios y son escépticos sobre la efectividad real de políticas nominales suelen adoptar una postura *pasiva* y prefieren someterse a reglas predeterminadas, mientras que los que priorizan el objetivo del empleo y creen en la efectividad de las políticas nominales asumen una política económica *activista* y se resisten a renunciar a la *discrecionalidad* en el ejercicio de la política. Se trata de la ya clásica discusión entre keynesianismo y monetarismo, entablada por los seguidores de John Maynard Keynes y Milton Friedman.

Pero en la vida real las decisiones de política en cuanto a la elección de régimen cambiario-monetario suelen regirse más por consideraciones de *costo político* que por convicciones teóricas. Los gobiernos son, por definición, entes políticos que buscan minimizar las pérdidas o maximizar las ganancias que se derivarán de cada decisión. Ciertamente, esta apreciación de los costos y beneficios esperados de cada régimen cambiario-monetario estará también determinantemente influenciada por la concepción teórica de moda y por el peso que esta les asigne a los distintos instrumentos y objetivos. Un esquema cambiario rígido implica la renuncia al uso del tipo de cambio como herramienta de ajuste frente a desequilibrios externos. El mecanismo de ajuste queda limitado a procesos de deflación o de inflación internas, que típicamente llevan a dolorosas pérdidas de empleo o sobrecalentamiento del ciclo de negocios. Pero la rigidez cambiaria tiene el beneficio de que la estabilidad de precios tiende a estar garantizada al final del proceso de ajuste. Un esquema cambiario flexible, por el contrario, suele terminar generando inflación en presencia de perturbaciones negativas, pero tiene la ventaja de que el proceso de ajuste es más rápido y menos doloroso en términos de empleo.

El balance final de costos y beneficios de la integración cambiaria-monetaria dependerá, en primer lugar, de qué peso relativo asigne el gobierno a los objetivos de empleo y de estabilidad de precios dentro de su función de preferencias políticas. A mayor peso relativo del objetivo de estabilidad nominal, mayor será la preferencia por anclajes cambiarios, mientras que tipos de cambio flexibles serán preferidos por gobiernos que privilegien el empleo y la competitividad externa. En segundo lugar, el balance dependerá también de cómo se evalúe teóricamente la efectividad de cada uno de los mecanismos de ajuste. Si prevalece el escepticismo sobre el uso del tipo de cambio nominal, el beneficio de la flexibilidad cambiaria se reduce. Pero si predomina la fe en la efectividad de la política cambiaria, el costo del ajuste deflacionario bajo un régimen de cambio fijo se percibirá como excesivo e innecesario. Por supuesto, la evaluación de costos dependerá también de cómo se perciba la capacidad de la economía para emprender ajustes internos no cambiarios, lo cual dependerá del grado de flexibilidad de los precios y salarios internos, especialmente hacia la baja. Pero tomando la flexibilidad interna como dada, las diferencias en la concepción teórica pasan a ser determinantes en la elección de régimen.

El resultado del modelo aquí utilizado es que si el objetivo prioritario es la estabilidad de precios, los regímenes cambiarios rígidos son más adecuados para este propósito, excepto cuando la intensidad y la asimetría de las perturbaciones superan cierto umbral relativo. A primera vista, esta aseveración puede sonar banal, pero basta revisar el acalorado debate ideológico que durante las pasadas décadas ha tenido lugar sobre este tema para darse cuenta de que el problema es más complejo de lo que parece. Importantes argumentos se han esgrimido también a favor de la flexibilidad cambiaria, incluso para fines de estabilización de precios. Si lo que importa a efecto de asignación de recursos es el tipo de cambio real, un régimen nominal flexible podría, en principio, apuntar mejor hacia la estabilidad de un tipo de cambio real de equilibrio, lo cual garantizaría un mejor equilibrio macroeconómico y, por ende, menor inflación. Por otra parte, numerosas han sido las experiencias de regímenes con tipo de cambio fijo que han desembocado en debacles inflacionarias después de su colapso. Latinoamérica proporciona varios casos de estudio al respecto.

El tema no es fácil, sin embargo, porque la rigidez cambiaria en sí misma no es garantía de estabilidad de precios si no va acompañada de disciplina monetaria, fiscal y financiera. Una cuestión crucial, por lo tanto, es determinar si esquemas de tipo de cambio fijo hacen más proclives a los gobiernos a adoptar principios de sanidad financiera. Un buen cúmulo de argumentos teóricos y de evidencias empíricas permite suponer que, en general, ello es así. Pero el argumento principal a favor de la tesis del efecto estabilizador/disciplinador de la rigidez cambiaria gira en torno al problema de la inconsistencia temporal de las políticas que subyace al fenómeno inflacionario. Un compromiso creíble de tipo de cambio fijo disminuye el incentivo del gobierno para embarcarse en un juego de engaño, mediante el cual busca obtener ganancias de empleo (competitividad) a través de la generación de inflación (devaluación) inesperada. El costo o las pérdidas esperadas del gobierno en el caso de un régimen flexible son mayores que las esperadas en el caso de apegarse al compromiso del cambio fijo, puesto que el resultado final será una mayor tasa de inflación sin una ganancia compensatoria en empleo (competitividad).

Han sido principalmente estas consideraciones acerca de la credibilidad de los regímenes cambiario-monetarios las que han impulsado el debate sobre las uniones monetarias o las dolarizaciones. La discusión sobre los costos y beneficios *reales* de la integración monetaria es todavía materia inconclusa en la teoría económica, no así el beneficio *nominal* de credibilidad que obtiene un país al atar su moneda a otra moneda que tenga una historia de éxitos antiinflacionarios. La turbulencia financiera de la primera mitad de la década de los 90 ayudó a darle el impulso final a la convicción de los países europeos de que les convenía tomar "prestada" la credibilidad del marco alemán y de su Bundesbank.

4. HILO ARGUMENTAL DEL LIBRO

A modo de abrebocas hemos considerado útil para el lector elaborar una especie de resumen del contenido central de cada capítulo para que en un solo aliento esté en capacidad de captar y entender la evolución del pensamiento económico sobre esta materia. La *primera parte* del libro (capítulos II al V) aborda la problemática general de la inflación desde la atalaya metodológica de la teoría positiva. Después de una visión general de las hipótesis y evidencias manejadas en la literatura acerca del tema, se elabora un marco teórico explicativo del fenómeno de la inflación, para luego desarrollar un modelo del comportamiento de la inflación bajo diferentes regímenes. En la *segunda parte* (capítulos VI y VII) se procede a un análisis de elementos de economía política que determinan la elección de régimen y el papel que el régimen cambiario-monetario desempeña en procesos de estabilización de una economía.

El *capítulo II* aclara algunos conceptos centrales para nuestro propósito, como son el significado de las reglas versus la discrecionalidad en la caracterización y funcionamiento de un régimen y cómo la existencia o no de reglas determina la conformación de expectativas de los agentes económicos. Seguiremos con una definición simple de inflación y de estabilización, para terminar con una explicación sucinta de por qué es beneficiosa la estabilidad de precios o, dicho en negativo, por qué la inflación es nociva para una economía a causa de su efecto distributivo regresivo, de su efecto inhibidor del crecimiento económico y de su efecto distorsionador del sistema de precios.

Seguidamente se pasa revista a algunos de los argumentos que se han esgrimido tradicionalmente para establecer un nexo entre flexibilidad cambiaria y comportamiento inflacionario. Un primer enfoque se centra en la esfera de las relaciones económicas internacionales e indaga en qué medida el tipo de régimen cambiario que se adopte influye sobre uno o varios de los siguientes tres elementos: los mecanismos de propagación de los impulsos inflacionarios, la incertidumbre de los precios en el intercambio comercial y el nivel de liquidez internacional. Se procede, en segundo lugar, a exponer el denominado "efecto trinquete", que está basado en la asimetría de la reacción de los precios internos frente a alzas y bajas del tipo de cambio, razón por la cual la volatilidad cambiaria tendría un impacto inflacionario neto. Y el tercer enfoque analizado se refiere a la hipótesis del "círculo vicioso", que postula la existencia de mecanismos de reforzamiento mutuo entre devaluación e inflación, el principal de los cuales sería la política monetaria acomodaticia.

En cuanto a la validación empírica de estas hipótesis, al comparar los niveles de inflación observados a lo largo de los grandes regímenes monetario-cambiarios desde el patrón oro los datos parecen indicar que la progresiva flexibilización del régimen cambiario ha estado acompañada históricamente de un incremento progresivo de la inflación. En la misma dirección, algunos estudios empíricos han encontrado evidencia de que el nivel de inflación ha sido generalmente inferior bajo regímenes de cambio fijo que bajo regímenes de cambio flexible.

Al indagar en el *capítulo III* sobre los mecanismos mediante los cuales la rigidez cambiaria mejora el desempeño inflacionario, la conclusión preliminar es que los regímenes cambiarios fijos ejercen, en primer lugar, un efecto disciplinador sobre la actuación monetaria de las autoridades y, en segundo lugar, generan en el público un efecto de confianza que desacelera la velocidad de circulación del dinero y estimula el crecimiento de su demanda. La condición para que ambos mecanismos actúen es que el compromiso de fijación del tipo de cambio sea creíble.

El hecho de que los costos de la indisciplina macroeconómica sean mayores bajo un régimen fijo que bajo uno flexible refuerza la exigencia de credibilidad del compromiso de las autoridades en pro de la estabilidad de precios, lo cual, a su vez, redunda en menores expectativas de inflación por parte de los agentes económicos. El principal mecanismo a través del cual opera la restricción de las políticas es el efecto disciplinador de las reservas finitas. Tipos de cambio flexibles permiten "acomodar" más fácilmente las presiones inflacionarias sin hacer peligrar el acervo de reservas.

Ahora bien, este nexo intuitivo entre estabilidad cambiaria y estabilidad de precios no deja de tener una cierta connotación tautológica hasta tanto no se establezca una dirección de causalidad, tarea en la cual los análisis no son concluyentes. No es fácil saber si el tipo de cambio es estable porque la inflación esté controlada, o viceversa. Donde parece que la teoría pisa terreno más firme es en el establecimiento del nexo entre credibilidad del régimen cambiario-monetario y la estabilidad nominal de la economía. Para ahondar en el asunto, el *capítulo IV* desarrolla una teoría positiva del fenómeno inflacionario, cuyos elementos explicativos centrales son el financiamiento monetario del déficit fiscal (señoreaje), las expectativas inerciales y la inconsistencia temporal de las políticas. Este último elemento recibe especial atención, ya que es crucial analizar en qué medida y por qué determinados regímenes cambiario-monetarios ayudan a mitigar este problema de la inconsistencia temporal de las políticas.

Después de una breve digresión sobre los diversos enfoques explicativos de la inflación, en la primera parte del capítulo se analizan los motivos que pueden conducir a un gobierno a "inflacionar" la economía. Históricamente se ha comprobado que la obtención del impuesto del señoreaje ha sido la principal fuente de generación de inflación. Con la ayuda de un modelo sencillo se analiza la dinámica de los componentes del señoreaje conforme se inflaciona la economía y se determinan los niveles máximo y óptimo de exacción de señoreaje. El modelo demuestra que la tasa "óptima" de inflación será mayor en aquellos países donde la capacidad de generar otros impuestos fiscales sea menor. Esta es la razón por la cual la aparición del fenómeno de la hiperinflación está íntimamente asociada con deficiencias de la institucionalidad fiscal, que conducen a una dinámica perversa de financiamiento monetario y desmonetización de la economía.

Una vez desatado el proceso inflacionario, la persistencia de la inflación se explica por la incorporación de expectativas inerciales, que vinculan la fijación actual de precios y salarios a la experiencia de inflación pasada. Es precisamente esta inercia la que torna altamente costoso, en términos de contracción económica, el abatimiento de la inflación. Por esta razón, los programas de estabilización buscan siempre introducir elementos que rompan con las expectativas inerciales, para de esta forma reducir el costo de la desinflación. Una de las estrategias más comunes es la adopción de un régimen con tipo de cambio fijo, que, en la medida en que sea creíble, modificará el comportamiento inercial de los agentes económicos.

El *capítulo V* desarrolla un modelo estilizado que permite analizar el impacto de las expectativas sobre la inflación. Se define, en primer lugar, el problema de la inconsistencia temporal de las políticas, que surge cada vez que el gobierno tiene el incentivo de engañar al público, por ejemplo inflacionando la economía para incentivar el empleo, una vez que el público ha pactado sus precios confiado en el anuncio oficial de una determinada meta de inflación. Evidentemente, el público reaccionará en el siguiente período anticipando el engaño de las autoridades, por lo que se desata así un contrapunteo perverso de engaños y reacciones. El modelo demuestra que el equilibrio final bajo un régimen monetario discrecional (de engaño) es aquel en el cual el incentivo marginal del gobierno para engañar se iguala al costo marginal de hacerlo, pero se tratará siempre de un equilibrio sub-óptimo, ya que arrojará un nivel de inflación mayor que el que se hubiera podido obtener con un régimen de compromiso creíble, pero sin una ganancia de empleo. El modelo demuestra también que la introducción de reglas o de arreglos institucionales puede atenuar el problema de la inconsistencia temporal, ya que estas disposiciones elevan el costo del engaño y refuerzan así la credibilidad de la meta de inflación anunciada. En este caso de equilibrio bajo reputación, la combinación de inflación y empleo es más favorable que en el caso de equilibrio bajo discrecionalidad.

La aplicación de esta herramienta analítica al mundo cambiario es la tarea del *capítulo VI*, en el que se adopta un enfoque de economía política para resaltar que la elección de régimen implica una toma de posición respecto de opciones fundamentales de política. Estudios empíricos sobre los determinantes de la elección de régimen confirman que las decisiones se toman en el contexto de las preferencias de política de las autoridades y guiadas por estrategias de minimización de costos políticos. Los dos costos básicos considerados son la inflación/devaluación, por un lado, y el desempleo/pérdida de competitividad internacional, por otro lado. Entre ambos costos existe un trueque o *trade-off* que puede inducir a la tentación de mejorar la competitividad a través de la devaluación del tipo de cambio. Cómo se evalúe, en definitiva, el costo asociado a cada régimen cambiario-monetario dependerá de cómo se perciba el costo político de tener un día que abandonar un tipo de cambio fijo, el costo de desviarse del objetivo de competitividad, el costo de la inflación y la capacidad de gerenciar o administrar el mercado cambiario.

El modelo bosquejado anteriormente se desarrolla en mayor detalle para contemplar tres tipos de régimen cambiario: dos regímenes puros (fijo creíble y flexible discrecional) y un tercero que hemos dado en denominar "rígido con engaño". Adicionalmente se le incorpora la variable de las perturbaciones a las que se ve sometida la economía. Nuevamente se confirma que la inflación de equilibrio resultante será menor bajo un régimen fijo creíble que bajo un régimen flexible discrecional o un régimen de engaño, siempre y cuando la economía no se vea sometida a perturbaciones "excesivas". La definición de "excesiva" se hace en función del peso relativo asignado al objetivo de competitividad frente al objetivo de baja inflación. Ciertamente, la elección de régimen dependerá de las pérdidas que el gobierno espera sufrir en cada alternativa, pero la apreciación de posibles pérdidas políticas dependerá del nivel de perturbaciones. El régimen de cambio fijo creíble representa el menor costo político para el caso de perturbaciones de menor intensidad relativa. Pero cuando las perturbaciones superen ese umbral, el régimen flexible implica un menor costo, ya que permite absorber el impacto de las perturbaciones sin desencadenar en los agentes privados expectativas de mayor devaluación. Otro resultado interesante del análisis es que el régimen de engaño implica menor pérdida que el régimen fijo creíble para los casos extremos de que no existan perturbaciones o de que estas sean "excesivas", de donde se deriva el incentivo para engañar en ambos extremos.

La existencia de este incentivo racional para engañar plantea la necesidad de reforzar el compromiso con ataduras institucionales, legales o de resguardo de la reputación, cuya ruptura incremente el costo político del incumplimiento del compromiso antiinflacionario. En el extremo, la plena integración monetaria con renuncia a una moneda propia sería la panacea de la credibilidad del compromiso. Sin embargo, como lo demostró la crisis europea post 2009, una unión monetaria no elimina de raíz el incentivo para engañar de algunos países, especialmente en el campo fiscal.

El modelo se presta también para otras consideraciones interesantes, que pueden ayudar a entender el proceso de adopción de decisiones en la vida real. Explica, por ejemplo, la aparente paradoja de que gobiernos de tendencia populista son a veces más proclives a la elección de regímenes de cambio fijo, especialmente en contextos electorales, mientras que gobiernos conservadores u ortodoxos suelen preferir preservar su autonomía monetaria y cambiaria. Detrás de este comportamiento se esconde la percepción política de que cuando un gobierno de reputación ortodoxa implanta un régimen de cambio fijo, está favoreciendo las perspectivas electorales del contrincante populista, al eliminarle al electorado la preocupación por la estabilidad de precios en el caso de una eventual victoria del opositor populista. Pero incluso fuera del contexto electoral es frecuente observar gobiernos ortodoxos o conservadores que abrazan esquemas de flexibilidad cambiaria. Es precisamente la mejor reputación antiinflacionaria de estos gobiernos la que les permite ganar flexibilidad para enfrentar eventuales perturbaciones, sin tener que absorber un costo significativo de inflación. De ahí que la construcción de reputación permite mejorar el balance global de costos para el gobierno, con lo cual el trueque convencional entre credibilidad y flexibilidad se torna menos antagónico.

En el *capítulo VII* se analiza el papel que desempeña la elección de régimen en el marco de los programas de estabilización de una economía después de episodios de alta inflación/devaluación. Para estabilizarse, la economía necesita un ancla nominal, de tal forma que la decisión fundamental es qué tipo de ancla adoptar: un ancla cambiaria (integración monetaria con otra moneda reserva ancla) o un ancla monetaria (autonomía monetaria y tipo de cambio flexible). Nuevamente, el nivel de credibilidad antiinflacionaria de las autoridades es un factor importante a la hora de definir la estrategia. En presencia de baja credibilidad (equivalente a presencia de expectativas inerciales), el anclaje del tipo de cambio es, al final, más costoso en términos de contracción económica que el anclaje monetario. Pero en el corto plazo, el anclaje cambiario es más exitoso en la reducción momentánea de la inflación y en la reactivación económica. De ahí que la estrategia que se adopte respecto del régimen cambiario dependerá mucho del peso que las autoridades le asignen a la recesión futura frente al logro de una menor inflación y de una mayor actividad económica en el corto plazo. A continuación se hace mención a ciertos obstáculos teóricos y prácticos que dificultan el uso de objetivos nominales intermedios en general. Regímenes basados directamente en metas explícitas de inflación obviarían esos obstáculos y permitirían al mismo tiempo ganar cierta flexibilidad cambiaria sin sacrificar la estabilidad de precios. Donde no quedan dudas es respecto de la peligrosidad de políticas que establecen objetivos de tipo de cambio real, ya que han demostrado ser especialmente propensas a validar y retroalimentar los procesos inflacionarios, salvo que la economía disponga de una poderosa y creíble ancla nominal que impida el surgimiento de diferenciales de inflación, además de palancas que logren ganancias en productividad.

5. ECONOMÍA NORMATIVA VS POSITIVA: UN COMENTARIO METODOLÓGICO

Parafraseando a John Neville Keynes, Friedman (1953a) distingue entre la economía "normativa", que es un cuerpo sistemático de conocimientos acerca de los criterios de *lo que debería ser*, y la economía "positiva", que es un cuerpo sistemático de conocimientos acerca de *lo que es*. Ha sido básicamente normativo el enfoque mediante el que se ha abordado tradicionalmente la cuestión de la elección del régimen cambiario. La teoría del área monetaria óptima, especialmente en sus primeras generaciones, indagaba sobre cuándo un país *debía* integrarse monetariamente con otro u otros países en función de las características estructurales de las economías y de la mayor o menor simetría de sus ciclos de actividad productiva. A diferencia de ese enfoque, el modelo explicativo de la inflación y de la propensión inflacionaria de diferentes regímenes cambiarios, que aquí se desarrolla, se ubica predominantemente en el campo de la economía positiva.

Algunas precisiones sobre esta diferencia entre lo normativo y lo positivo deben hacerse. Sería verdaderamente ingenuo pensar que la observación de "lo que es" no está teñida y tamizada por los valores y prejuicios que el observador tiene. Por otro lado, no existe antagonismo entre ambos enfoques, sino más bien una estrecha relación, puesto que las conclusiones de la economía positiva tienen implicaciones directas para las proposiciones sobre lo que debería ser. Recomendaciones "normativas" de política económica descansan necesariamente en hipótesis "positivas" acerca de determinadas acciones o eventos que conducen a determinados resultados. Por ello es que las posiciones encontradas en el campo de la política económica tienen generalmente más que ver con divergencias sobre la relación entre acciones y resultados que con diferencias propiamente normativas. Ello explica, por ejemplo, las diferencias en el grado de entusiasmo con el que se propugna la autonomía cambiaria-monetaria, dependiendo de la hipótesis que se adopte acerca de la efectividad de la herramienta cambiaria para aislar la economía de perturbaciones o para mejorar la competitividad. Ahora bien, debe tenerse cuidado con la tendencia a delimitar indebidamente el campo de las hipótesis y hechos que estamos dispuestos a aceptar o siquiera a considerar sobre la base de prejuicios normativos. Ahí es donde la confusión entre economía normativa y economía positiva empieza a conducir a errores.

Una segunda acotación metodológica se refiere a la diferencia entre hipótesis, supuestos e implicaciones, así como al papel y a las fases de la comprobación empírica dentro del quehacer teórico. El propósito de toda ciencia positiva es desarrollar teorías que permitan hacer predicciones sobre las implicaciones de determinados eventos o circunstancias. La validez de las hipótesis teóricas, por lo tanto, se mide por la acuciosidad de las predicciones, donde por "acuciosidad" se entiende la conformidad con los hechos observados empíricamente. En el tema que nos ocupa de los costos y beneficios de la integración versus la autonomía cambiaria-monetaria, uno de los propósitos es indagar si existe una relación estable entre tipo de régimen cambiario y estabilidad nominal, específicamente, si una mayor flexibilidad cambiaria está asociada con un mayor nivel de inflación.

Siempre será necesario "simplificar" la realidad observable, para lo cual habrá que poner orden en la compleja y amplísima variedad de regímenes cambiarios existentes, lo cual se hace clasificándolos en dos categorías o tipos ideales dentro del espectro integración-autonomía: el régimen "fijo" y el régimen "flexible". El hecho de que estos tipos ideales no sean observables en la realidad no solo no los invalida para el propósito de construir una teoría explicativa de sus implicaciones, sino que es inherente al quehacer teórico en sí mismo. Como muy acertadamente advierte Friedman, la relevancia de una teoría se mide precisamente por su capacidad de "explicar mucho con poco", es decir, de abstraer de la compleja maraña de la realidad los elementos cruciales que la explican. Esta advertencia aplica no solo a las categorías, sino también a los supuestos que subyacen en las hipótesis. Es un error evaluar la validez de una hipótesis basándose en la cercanía de sus supuestos con la realidad. Más bien suele suceder que cuanto más fructífera es una hipótesis, menos realistas suelen ser sus supuestos. Son las implicaciones postuladas por la teoría, y no sus supuestos, las que deben ser confirmadas por la realidad.

El *supuesto* central de la hipótesis desarrollada en el libro es que los gobiernos actúan "como si" buscaran minimizar racionalmente el costo político de sus decisiones y que los agentes privados reaccionan "como si" conocieran esta norma de actuación del gobierno. Y la *implicación* central del supuesto es que bajo un régimen monetario discrecional, el gobierno tiene el incentivo de inflacionar la economía más allá de lo que hubiera sido racional bajo un régimen rígido o de compromiso. La explicación (teórica) de esta relación es que la rigidez monetaria-cambiaria incrementa el costo político del incumplimiento de la meta de inflación y disminuye, por lo tanto, el incentivo de generar inflación sorpresiva. Dicho en otras palabras, el mayor costo político del incumplimiento bajo rigidez ejerce un efecto disciplinador sobre la gestión financiera del gobierno. Los agentes privados, por su parte, conocen este mayor costo político y moderan por ello sus expectativas de inflación. Pero si alguien pretendiera validar empíricamente el supuesto del comportamiento gubernamental, mediante, por ejemplo, una encuesta a los hacedores de política sobre las motivaciones de sus actuaciones concretas, se encontraría con tal diversidad de respuestas que difícilmente permitirían validarlo. Igual sucedería con las motivaciones expresadas por los agentes privados. Lo importante, sin embargo, no es el "realismo" del supuesto, sino la conformidad de sus implicaciones con la realidad. Lo que interesa es comprobar que efectivamente los resultados de inflación se corresponden con la predicción de la teoría, es decir, con los que resultarían si el gobierno se comportara como si buscara minimizar el costo político.

Para acomodarse a estas nuevas visiones del quehacer teórico, la ciencia de la economía ha incorporado elementos de la teoría de juegos, en la que los resultados varían constantemente en función de los supuestos que se adopten en relación con el comportamiento de los participantes. Es un ejercicio continuo de incorporar y eliminar hipótesis, modificar supuestos, variar comportamientos. Las reglas que rigen el comportamiento influyen decisivamente en el resultado de las acciones. Es totalmente distinto, por ejemplo, el desenlace esperable de un determinado movimiento de piezas en el tablero de ajedrez, si se modifica la regla de desplazamiento del alfil o del caballo. En el campo económico, tal como se mencionará repetidamente en este libro, las implicaciones de determinadas acciones de política diferirán completamente, dependiendo del supuesto que se adopte sobre la existencia o no de "ilusión monetaria". El problema se complica adicionalmente porque en el transcurso del juego de interacciones entre el gobierno y el público las reglas de comportamiento de los agentes van sufriendo modificaciones. El hecho de que califiquemos las expectativas de los agentes económicos como "racionales" no debe engañarnos sobre el hecho básico de que esas expectativas siempre son, al mismo tiempo, individuales, subjetivas, prejuiciadas y morales.

PRIMERA PARTE

UNA TEORÍA POSITIVA DE LA INFLACIÓN

La pregunta sobre si el régimen nominal de cambio realmente importa para el desenvolvimiento de la economía ha sido ampliamente discutida en la literatura especializada. En el fondo se trata de la misma discusión acerca del efecto de variables nominales sobre otras variables de la economía (nominales o reales). Especial atención se le ha dedicado tradicionalmente al análisis del efecto de variaciones nominales del dinero sobre la economía real (producto y empleo). Respecto de este último aspecto, y aun cuando la discusión continúa viva, se ha ido conformando un consenso acerca de la "neutralidad" del dinero para afectar las variables reales en el largo plazo. Los efectos reales de corto plazo dependen del grado de anticipación de las variaciones monetarias. En la medida en que las variaciones nominales son anticipadas con mayor precisión, el efecto real tiende a diluirse, incluso en el corto plazo.

Igual controversia existe acerca de los efectos del régimen nominal de cambio sobre variables clave como la inflación, el producto, las tasas de interés, el comercio internacional o la inversión. La cuestión es importante, porque, si la elección de régimen cambiario-monetario no tiene efectos macroeconómicos de largo plazo, todo se reduce a una decisión sobre cuál de los dos mercados, el monetario o el cambiario, se prefiere flexibilizar. Pero si el tipo de régimen realmente afecta el desempeño macroeconómico, entonces la elección de régimen se convierte en una decisión política importante. La razón de tal controversia reside en la variedad y complejidad de interrelaciones que actúan entre el régimen de cambio y esas variables clave de la economía, que en parte se neutralizan y en parte se refuerzan mutuamente, lo cual hace difícil el análisis de esa relación y no permite arribar a conclusiones simples.

En términos generales, el efecto de largo plazo del régimen nominal de cambio sobre variables reales parece ser básicamente neutral. En el corto plazo, los abandonos de regímenes fijos suelen aumentar la volatilidad de las variables macroeconómicas reales y de las tasas de interés, aun cuando no es posible atribuirle la responsabilidad exclusivamente a la modificación de régimen. Bien pudiera ser que sean los mismos factores que suelen obligar al abandono del tipo de cambio fijo los que incrementen también la volatilidad general de la economía[4]. Si damos por buena la hipótesis de la neutralidad real del dinero y, por derivación, del régimen nominal de cambio a largo plazo, el foco de atención debe centrarse en los impactos nominales, especialmente en la influencia del régimen cambiario sobre la inflación.

La relación entre el régimen cambiario-monetario y la inflación constituye, por consiguiente, una piedra angular de la economía cambiaria. El enfoque analítico se centrará en la dinámica de las expectativas de los agentes económicos, en su impacto sobre la inflación y en la forma cómo cada tipo de régimen influye en esta dinámica de la inflación. La adopción de este enfoque responde a la concepción teórica de que el fenómeno inflacionario es, fundamentalmente, un problema de incentivos, por el lado del gobierno, y de expectativas, por parte de los

---

[4] Refiriéndose al caso inglés, Mills y Wood (1993) concluyen que el régimen cambiario flexible como tal no fue la fuente de la volatilidad de las principales variables macroeconómicas en los 70 y 80. Atribuyen la volatilidad del producto y de las tasas de interés post 1972 al *shock* de precios petroleros y a la laxitud de la política monetaria. La mayor estabilidad post 1983 es atribuida al giro de la política monetaria a favor de la estabilidad. El problema con esta interpretación, sin embargo, es que su verificación empírica es sumamente compleja.

agentes privados. Condición básica del éxito de cualquier esquema es la presencia de credibilidad en el compromiso estabilizador de la autoridad económica. La cuestión crucial es indagar si ciertos arreglos son más adecuados que otros para la tarea de construcción de credibilidad antiinflacionaria.

Nos proponemos en esta primera parte revisar argumentos y evidencias que permitan ahondar específicamente en este nexo. En concreto, nos hacemos la pregunta de si la integración monetaria y su consiguiente fijación del tipo de cambio desestimula la inflación o no. La relación de causalidad entre régimen cambiario e inflación puede desenvolverse, en principio, en dos direcciones. Por un lado, un país con un tipo de cambio atado a la moneda de otro país de baja inflación no puede soportar por mucho tiempo una inflación superior a la de su vecino. Ello implica que deberá inhibirse de adoptar políticas monetarias y fiscales que conduzcan a una inflación superior, puesto que la indisciplina financiera terminará haciendo colapsar el régimen de cambio fijo. Evidentemente, el efecto inhibidor de la rigidez cambiaria sobre la inflación será tan fuerte o tan débil como lo sea el compromiso de las autoridades en defender el tipo de cambio fijo. Pero la relación entre régimen cambiario e inflación puede también funcionar en la dirección opuesta, es decir, un país es capaz de mantener un tipo de cambio fijo porque decide tener una inflación baja y similar a la de sus vecinos[5]. Ahora bien, sin negar la existencia de esta bidireccionalidad, desde el punto de vista de la política de estabilización lo que interesa dilucidar es si la fijación del tipo de cambio

---

[5] Este parece haber sido el caso de buena parte de los países asiáticos, donde por tradición y convicción la estabilidad de precios siempre fue un objetivo fundamental de la política económica. Estos países no tuvieron baja inflación porque adoptaran regímenes de cambio fijo, sino porque las autoridades estaban comprometidas con la moderación inflacionaria. Ver al respecto el extenso estudio de Little, Cooper, Corden y Rajapatirana (1993), donde se analiza la experiencia de 18 países en vías de desarrollo.

incrementa la disposición de las autoridades de acogerse a los preceptos de la disciplina antiinflacionaria.

Después de aclarar conceptos básicos sobre inflación y estabilización, procederemos a enumerar algunas de las hipótesis que se han manejado tradicionalmente acerca del nexo entre flexibilidad cambiaria e inflación. Un repaso somero de las evidencias empíricas recientes orientará el foco de atención a elementos tales como el efecto disciplinador de cada régimen de cambio, su grado de credibilidad y la dinámica de expectativas que genera.

Para el tema que nos ocupa es indispensable entender bien el fenómeno inflacionario. La indagación sobre los motivos de la inflación nos permite ir un paso más allá de las explicaciones convencionales basadas en los desequilibrios oferta-demanda, presiones de costos o mercados imperfectos. Más en concreto, nos permite identificar la generación de señoreaje y el financiamiento monetario del gasto fiscal como la principal fuerza tractora del nivel de precios. Los ambientes inflacionarios son generados por los mismos gobiernos o, por lo menos, son validados por las políticas monetarias de las autoridades.

Necesitaremos, a continuación, desarrollar un modelo que explique el incentivo que un gobierno pueda tener para generar inflación y que capture la dinámica de las expectativas de los agentes económicos y su efecto sobre la inflación. El incentivo para crear inflación se relaciona con el fenómeno de la inconsistencia temporal de las políticas, según el cual la actuación racional del gobierno, una vez hecho el balance de pérdidas y ganancias, puede aconsejar adoptar políticas inflacionarias. Cuáles son los diferentes equilibrios resultantes en materia de inflación dependerá de si el régimen monetario se rige por decisiones discrecionales o por reglas en un marco de reputación.

II

VISIONES CONVENCIONALES SOBRE EL NEXO
ENTRE RÉGIMEN CAMBIARIO E INFLACIÓN

Nos proponemos en este capítulo explorar los principales argumentos que se han utilizado tradicionalmente para establecer una relación entre flexibilidad cambiaria e inflación. Un primer bloque de reflexiones se ubica en la esfera de las relaciones internacionales, para destacar diferencias en los mecanismos de propagación de cada régimen, el impacto de la incertidumbre sobre los precios del comercio exterior y el efecto sobre la liquidez internacional. Un segundo argumento se fundamenta en la asimetría de la flexibilidad de la formación de precios en las alzas y en las bajas y en el consiguiente impacto inflacionario de la volatilidad cambiaria. Finalmente, la hipótesis del círculo vicioso apunta hacia los mecanismos de reforzamiento mutuo entre devaluación e inflación, siendo el principal de ellos la política monetaria acomodaticia.

1. INFLACIÓN Y ESTABILIZACIÓN: DEFINICIONES PREVIAS

Adelantemos algunas definiciones previas necesarias sobre lo que significan las reglas como elemento central de un régimen monetario o cambiario, sobre el significado del término inflación y el sentido que aquí le damos al término estabilización.

1.1. Reglas y expectativas

En el capítulo introductorio establecíamos la diferencia entre régimen cambiario y política cambiaria. Para entender mejor esta importante distinción, puede ayudar la referencia a la diferencia conceptual que existe, en general, entre actuaciones concretas y *reglas* de actuación. La política cambiaria tiene que ver con actuaciones, mientras que el régimen cambiario es el conjunto de reglas que rigen esas actuaciones, las reglas de conducta. La distinción es relevante porque son diferentes los efectos que se derivan de acciones aisladas dentro del contexto de una determinada regla general de actuación, por un lado, y los efectos que se derivan de cambios en la regla general misma, por otro lado. Cambios en la regla modifican las normas para futuras actuaciones concretas. Es a estos cambios de regla que nos referimos cuando aquí hablamos de "cambio de régimen"[6]. En el área fiscal, los niveles de gasto o las tasas impositivas para un determinado periodo son ejemplos de "actuaciones" de política, mientras que las normas o "reglas" para fijar tasas impositivas o niveles de gasto como funciones de ciertas variables de la economía son ejemplos de regímenes fiscales. En el área monetaria, una determinada expansión de la oferta monetaria es una actuación de política, mientras que la regla para fijar la masa monetaria en función, por ejemplo, del respaldo disponible de divisas es un régimen monetario[7].

---

[6] Esta distinción es desarrollada por Sargent (1982) para explicar cómo la ruptura de procesos hiperinflacionarios requiere de un cambio de régimen fiscal y monetario, es decir, de un cambio en las reglas de actuación de las autoridades en esas áreas.

[7] La importancia de reglas fue vehementemente argumentada por la Escuela de Chicago desde la década de los cuarenta. Véase Fischer (1990) para una sucinta discusión del dilema entre reglas y discrecionalidad en la política monetaria y Guitián (1992) para una extensión de la discusión al ámbito de la política cambiaria. Dwyer (1993) aplica la discusión al caso de la política monetaria estadounidense.

Aun cuando conceptualmente la distinción puede ser clara, en la práctica no es fácil dilucidar cuándo un conjunto de actuaciones de política son actuaciones dentro de las mismas viejas reglas de juego o más bien reflejan una nueva regla de actuación. Para saber si estamos frente a un nuevo régimen, es necesario complementar la observación de las actuaciones de las autoridades con la consideración de los pronunciamientos oficiales, de los cambios en el marco legal, de cambios institucionales, etcétera.

La importancia de esta distinción entre acciones de política y régimen reside en el hecho de que son los cambios de régimen, no las actuaciones aisladas de política, los que logran modificar las expectativas de los agentes económicos. Dado que estos actúan racionalmente, es decir, en su propio interés, un cambio en la estrategia gubernamental generará un cambio en su propia estrategia de actuación. Y como se demostrará a lo largo del presente trabajo, son las expectativas el factor fundamental que determina el nivel de inflación de una economía. Si la elección de un nuevo régimen cambiario pone en marcha una modificación de las expectativas de los agentes respecto del compromiso de las autoridades con la estabilidad de precios, ese nuevo régimen, *caeteris paribus*, traerá asociada una menor inflación.

1.2. Inflación y estabilización

Definimos aquí "inflación" como un proceso de alza persistente del nivel general de precios en un espacio y tiempo determinado. Vista desde el lado monetario, la inflación equivale a un descenso continuado del valor del dinero[8]. La medida más frecuentemente utilizada para reflejar la inflación es la tasa de cambio porcentual del índice de precios al consumidor (IPC) de

---

[8] Ver Parkin (1992) para una definición más rigurosa del concepto de inflación.

un país. El IPC recoge los precios ponderados de una canasta de bienes de consumo que se consideran representativos del consumo típico de la familia típica. Otras variantes de medición pudieran también ser teóricamente consideradas, como, por ejemplo, los índices de precios al productor o los índices de precios al mayor. Puede variar también la amplitud de la base de bienes y servicios incorporados al índice. Una práctica frecuente con fines de facilitar el manejo de la política económica es la de definir un IPC más restringido (un núcleo), de cuya canasta sean excluidos los componentes más volátiles (por ejemplo, combustibles). En sentido contrario, otra posibilidad sería ampliar la base de medición y utilizar el deflactor implícito del PIB, que incorpora la totalidad de bienes y servicios generados por la economía. Pero el IPC sigue siendo la medida universalmente aceptada, por la agilidad de su elaboración y por la facilidad de su uso.

En lo referente al concepto de "estabilización", esta puede ser definida desde diferentes ángulos. Un primer enfoque se centra en las acciones necesarias para posicionar y mantener la economía cerca del nivel de pleno empleo en un contexto de equilibrio general (estabilidad del empleo). Con el tiempo, sin embargo, la preocupación por el empleo, que acaparó la atención de Keynes, fue cediendo paso de la mano de la escuela monetarista a la preocupación por la estabilidad de precios, en gran parte debido al escepticismo sobre la capacidad de la política monetaria para hacer descender sostenidamente el desempleo por debajo de su nivel "natural". Según esta línea de pensamiento, la mejor contribución que un gobierno puede hacer al logro del crecimiento es dotar a la economía de un marco estable de baja inflación. De esta forma, el término estabilidad se fue asociando progresivamente con la estabilidad del nivel general de precios.

Este segundo enfoque es también el adoptado por la literatura que trata sobre los procesos de ajuste en economías en desarrollo. Aquí, al igual que en la tradición monetarista, la inflación de precios constituye la preocupación central. Abatir la inflación, más que elevar el empleo, es el objetivo que subyace y motiva la aplicación de políticas de ajuste. Los procesos de ajuste incluyen, por lo general, dos tareas distintas, aunque interrelacionadas. La primera es la *estabilización* propiamente dicha, que consiste en reducir la inflación a niveles compatibles con una recuperación sostenible del crecimiento económico. Esta tarea tiene un horizonte temporal de corto plazo y consiste fundamentalmente en medidas fiscales, monetarias y cambiarias orientadas a reducir la demanda agregada. La segunda tarea es poner en marcha un proceso de cambio estructural de largo plazo para elevar los niveles de ahorro, mejorar los ingresos de divisas y crear las condiciones e incentivos para un crecimiento sostenible.

En la presente investigación adoptaremos el enfoque de la estabilidad de la inflación o, dicho con otras palabras, estabilidad del proceso de formación de precios. Varias acotaciones conceptuales adicionales deben hacerse al respecto. Debe distinguirse, en primer lugar, entre "estabilidad del nivel de precios" y "estabilidad de la tasa de inflación". La primera implica un objetivo sobre el nivel absoluto del precio representativo, mientras que la segunda permite variaciones del nivel de precios a una tasa considerada aceptable dentro de la definición de estabilidad. Aquí se usará esta segunda acepción. Con ello se reconoce la compatibilidad de un cierto nivel de inflación con la calificación de "estabilidad". Para ser catalogada como "estable", una tasa de inflación debería reunir dos condiciones. En primer lugar, la tasa entre períodos no debe comportarse de forma errática o volátil. Dicho en otras palabras, los agentes económicos necesitan un horizonte predecible de precios –dentro

49

de rangos de error aceptables– para la toma de decisiones. En segundo lugar, y este es el principal criterio, la variación inter-período del nivel de precios deberá ser suficientemente baja como para no ejercer prácticamente influencia sobre el comportamiento de los agentes económicos, es decir, no tener efectos redistributivos de ingreso, ni influir sobre las decisiones intertemporales de inversión o de consumo de los agentes. Este "umbral" de inflación compatible con la estabilidad puede variar en función de la historia y de las características específicas de una economía[9].

2. BENEFICIOS DE LA ESTABILIDAD DE PRECIOS

Dominar la inflación es importante, porque ella acarrea costos. El primero de ellos se refiere al indeseado efecto redistributivo –regresivo– del ingreso. Perceptores de renta fija transfieren recursos a los perceptores de rentas ajustables a la inflación, que suelen ser los que están en estratos superiores de ingreso. Perceptores de renta fija son principalmente los asalariados y pensionados. El segundo costo de la inflación consiste en la aplicación ilegítima de un impuesto, que no ha sido sometido a las instancias legislativas o administrativas propias de un Estado de derecho. Un tercer costo guarda relación con el daño que se le infringe al dinero para cumplir sus funciones básicas de unidad de cuenta, medio de intercambio y de almacenamiento de valor. Finalmente, la inflación es nociva para el crecimiento económico, al menos en el largo plazo. La inflación no solo reduce el nivel de inversión, sino que también afecta

---

[9] Para los países desarrollados, algunos autores consideran que una tasa de inflación superior al ocho por ciento anual comienza a causar efectos perniciosos. Países en vías de desarrollo parecen tener umbrales algo más altos, como lo demuestra la experiencia de economías con inflación "moderada". Ver Dornbusch y Fischer (1993).

negativamente la eficiencia en el uso de los factores productivos. Puede demostrarse que un repunte inflacionario tiene un impacto temporal sobre la tasa de crecimiento de largo plazo, lo cual, a su vez, induce una caída permanente del ingreso per cápita[10].

En cuanto a esta última relación entre inflación y producto, se ha observado en el contexto latinoamericano que altas inflaciones, sobre todo cuando su tasa de aceleración no es predecible y, en consecuencia, los mecanismos de indexación se ven desbordados, inhiben el nivel de actividad económica. Los hechos estilizados nos dicen que en contextos de muy alta inflación, la cual usualmente viene asociada con una gestión fiscal deficitaria, tiende a desaparecer el crédito en la actividad comercial. La banca se concentra en el financiamiento del déficit fiscal. El sector financiero, al igual que la masa monetaria doméstica, se reducen a su mínima expresión en términos reales. En Argentina, por ejemplo, el agregado monetario M2 cayó a un mínimo histórico de 2,5 por ciento del PIB en 1990. La percepción de inviabilidad fiscal impregna el desenvolvimiento económico de alta inestabilidad. Productores y comerciantes están sometidos a tal incertidumbre sobre costos y precios de venta, que prefieren reducir o paralizar la actividad. Los consumidores optan también por inhibir sus decisiones de compra ante la imposibilidad de controlar su restricción presupuestaria. Finalmente, todo este conjunto de factores ejerce un profundo impacto sicológico en las decisiones de inversión de los agentes económicos. Es precisamente este efecto inhibidor de la inflación no predictible el que motiva los esfuerzos de

---

[10] Andrés y Hernando (1997) encuentran una correlación negativa significativa entre inflación y crecimiento del ingreso en el largo plazo, especialmente en los niveles de inflación moderados y bajos. Su análisis muestra también que la relación entre inflación y crecimiento es siempre estadísticamente significativa y nunca positiva.

estabilización. Sobre la relación entre inflación y crecimiento económico existe suficiente consenso teórico y evidencia empírica como para afirmar que la estabilidad de los precios ejerce una influencia positiva sobre el potencial de crecimiento de una economía en el largo plazo[11]. Aun cuando si en el largo plazo las variables reales no fuesen manipulables mediante variaciones nominales, un exceso de inestabilidad nominal disminuye la eficiencia económica y reduce el nivel del producto potencial.

El principal mecanismo mediante el cual la inflación afecta la eficiencia económica es a través de la distorsión del sistema de información de precios. Debido a que no todos los precios suben proporcionalmente, la inflación genera distorsiones en los movimientos de los precios relativos, que nada tienen que ver con cambios en los determinantes fundamentales de la estructura de precios relativos de la economía, como son los cambios en los patrones de consumo, cambios tecnológicos, cambios en dotaciones de recursos, etc. Por otra parte, la inflación incrementa la variabilidad de los precios relativos, así como su dispersión[12]. Todos estos factores coadyuvan a emitir señales equivocadas de precios, que no reflejan las escaseces relativas o los movimientos de productividad de una economía. Y dado que es a través de los precios relativos como el mercado transmite la

---

[11] Ver Gomme (1993), donde sobre la base de datos de 82 países se comprueba una correlación positiva entre estabilidad de precios y tasa de crecimiento del producto. Según Cornwall (1992), sin embargo, la evidencia empírica sobre la relación entre inflación y crecimiento hasta fines de los años sesenta no es concluyente. Únicamente a partir de comienzos de los setenta se observa una correlación tenuemente positiva. Ello se puede deber a una política gubernamental más activa, mediante la cual los gobiernos responden a los brotes de inflación con políticas de restricción de la demanda agregada. Estas políticas desembocan en incrementos de la tasa de desempleo, reducción de los niveles de uso de la capacidad instalada y bajas tasas de inversión.

[12] Se entiende por "dispersión" la existencia de varios precios para un mismo bien. Sobre el efecto de la inflación sobre la variabilidad y la dispersión de precios relativos, ver Lach y Tsiddon (1992).

información relevante, estas distorsiones crean incertidumbre y conducen a una asignación ineficiente de recursos productivos. Ineficiencias adicionales se derivan del hecho de que la recolección de información de precios es más costosa en entornos de inflación, los precios actuales tienen menos valor informativo sobre el futuro y, en consecuencia, se reduce el acervo de información usado por los agentes económicos y se desmejora la calidad de sus decisiones. Estas deficiencias de información favorecen, por otra parte, la aparición de ineficiencias derivadas de prácticas monopólicas u oligopólicas.

3. PROPAGACIÓN, INCERTIDUMBRE Y LIQUIDEZ INTERNACIONALES

Veamos ahora los mecanismos convencionales sobre los que se basa el nexo entre flexibilidad cambiaria e inflación, empezando por los contagios internacionales. Un régimen de cambio flexible tiende a represar el fenómeno inflacionario dentro del país que está sufriendo el desequilibrio macroeconómico. Los ajustes de los tipos de cambio sirven precisamente para bloquear la propagación de las presiones inflacionarias. En un sistema internacional de regímenes fijos, por el contrario, los fenómenos inflacionarios en un país son en mayor o en menor grado "compartidos" por el resto de los países. Cuando el oro era el numerario del sistema, la inflación mundial estaba íntimamente relacionada con la oferta y demanda del metal para fines monetarios, lo cual afectaba a todos los países por igual. En cualquier caso, sea el oro o una divisa particular el numerario, la rigidez cambiaria obliga a una convergencia de los niveles de inflación entre los países. En este tipo de arreglos internacionales, el comportamiento inflacionario del país-reserva es determinante para la inflación del resto de los países. Por esta razón, la elección de un régimen cambiario u otro implica una decisión sobre aceptar el nivel de inflación impuesto externamente o elegir individualmente la inflación deseada. Ahora bien, la mera existencia de mecanismos de propagación no dice todavía nada acerca de la mayor o menor propensión inflacionaria de los diferentes regímenes cambiarios al interior de una economía, que es la cuestión que nos ocupa.

Una segunda línea de argumentación se refiere al impacto de la incertidumbre cambiaria sobre el nivel de precios de los bienes transados. La transición de un régimen fijo a un régimen flexible suele estar asociada con un incremento de la incertidumbre sobre el tipo de cambio futuro. En el comercio internacional, la mayor incertidumbre obliga a las partes involucradas en las transacciones comerciales a incurrir en costos de cobertura de riesgo, que elevan el precio de los bienes y servicios transados. Ahora bien, el efecto de esta mayor incertidumbre sobre el volumen y los precios del comercio internacional debe cátalogarse como impacto de una sola vez, en contraposición a un impacto persistente en forma de crecimiento continuado del precio. La magnitud del impacto, por otra parte, es muy pequeña, ya que se limita al costo de la cobertura de riesgo, que típicamente representa una porción insignificante dentro del costo total de los bienes. Por ambas razones, el eventual impacto de la flexibilidad cambiaria sobre la inflación, si existe, debe buscarse en áreas distintas a las directamente derivadas del comercio internacional. El efecto de la incertidumbre cambiaria sobre los precios del comercio internacional sería tan pequeño que la posible contribución de la flexibilidad cambiaria al nivel de inflación a través de este mecanismo puede ser dejado de lado.

Otra senda de indagación ha sido el impacto que el paso de un régimen rígido a un régimen flexible tendría sobre las decisiones de cartera de los agentes financieros, especialmente de los bancos centrales. Supuestamente, la adopción de un régimen flexible libera a la autoridad monetaria de la necesidad de mantener reservas de divisas con fines de intervención cambiaria. Se argumenta que la liberación de reservas es inflacionaria, por cuanto la forma usual de disminuir el nivel de reservas improductivas es induciendo un mayor déficit en las cuentas externas mediante una política de expansión de la absorción doméstica. Necesariamente, otros países pasan a ser superavitarios en sus cuentas externas y se ven obligados a reaccionar con el mismo propósito de disminuir el nivel de reservas, mediante la aplicación igualmente de políticas expansivas. Como resultado de este conjunto de acciones y reacciones, la demanda mundial de bienes y servicios se incrementa, los precios suben y la inflación mundial aumenta. Ahora bien, aun cuando este argumento es teóricamente lógico, en la práctica el paso del régimen fijo de Bretton Woods al régimen de flotación de la década de los setenta no condujo a una disminución sustancial de los niveles de reservas de los países[13]. Ello fue así porque los bancos centrales continuaron interviniendo fuertemente para mitigar las fluctuaciones de sus monedas, que se acentuaron con el régimen de flotación. En consecuencia, no es tampoco por esta vía por donde deben buscarse los nexos inflacionarios de la flexibilidad cambiaria.

4. ASIMETRÍAS DE REACCIÓN: EL EFECTO TRINQUETE

Mayor atención merecen los argumentos construidos alrededor del denominado "efecto trinquete"[14]. El eje de la argumentación es que los efectos de la apreciación y de la depreciación cambiaria sobre los precios no son simétricos, puesto que la

---

[13] Ver Williamson (1974) y MacDonald (1988) con evidencias empíricas al respecto.

[14] En inglés, *ratchet effect*. Una "rueda de trinquete" es un mecanismo que permite hacer avanzar la rueda en una dirección, pero que se bloquea al pretender girar en sentido contrario.

depreciación tiende a tener un mayor efecto inflacionario que el efecto deflacionario proveniente de la apreciación[15]. Esta asimetría tendría dos causas. Por un lado, desde el punto de vista interno microeconómico, los precios tienen una menor flexibilidad hacia la baja, que les permite subir con la depreciación, pero los obliga a permanecer fijos o a bajar menos con la apreciación (de ahí la denominación de "trinquete"). Por otro lado, las disminuciones de los precios de importación (por efecto de la apreciación) suelen ser percibidas por los agentes económicos como menos permanentes que las alzas de precios de importación (por efecto de la depreciación). Dado que cambiar los precios tiene un costo, denominado "costo de menú", las empresas modificarán los precios únicamente en la medida en que perciban que la nueva paridad es permanente. De esta forma, aun cuando en términos netos el tipo de cambio no se deprecie, la simple volatilidad tiene ya de por sí un impacto asimétrico sobre los precios con sesgo inflacionario.

Adicionalmente, la asimetría se manifiesta también en el efecto monetario de la intervención oficial en el mercado de divisas. Cuando una moneda se está depreciando, la autoridad intentará suavizar o detener la caída mediante ventas de divisas, con la consecuente restricción de la liquidez monetaria. Para evitar el impacto recesivo de la intervención cambiaria, la autoridad recurre usualmente al mecanismo de esterilización para restituirle a la economía toda o parte de la liquidez absorbida. En el caso de un proceso de apreciación, sin embargo, la autoridad monetaria expande la liquidez en su intervención para moderar la apreciación, pero no se siente en la misma necesidad

---

[15] Ver Mundell (1976). Crockett y Goldstein (1976) concluyen también que, dado que los movimientos de precios hacia arriba y hacia abajo son comprobadamente asimétricos, el efecto neto de la variabilidad del tipo de cambio solo puede actuar inflacionariamente. Por lo tanto, regímenes de cambio flexibles tienden a tener un mayor sesgo inflacionario.

de esterilizar su acción expansiva, ya que políticamente es más fácil crecer que contraer. De esta forma, aun cuando en promedio el tipo de cambio se mantenga estable, el saldo monetario de las oscilaciones resulta expansivo en términos netos, ya que las apreciaciones generan un crecimiento monetario relativamente mayor que la contracción derivada de las fases de depreciación.

En consecuencia, cuanto mayor sea la volatilidad de los tipos de cambio, mayor será el impacto inflacionario de la asimetría micro y macroeconómica. Dado que se supone que regímenes de cambio flexibles son más proclives a la variabilidad del tipo de cambio, se concluye que la flexibilidad cambiaria viene acompañada por un mayor sesgo inflacionario. Este sesgo se manifiesta también a escala internacional. Por la misma carencia de flexibilidad de los precios hacia la baja, el efecto deflacionario en los países sometidos a un proceso de apreciación cambiaria es relativamente menor que el efecto inflacionario en los países con procesos de depreciación. Igualmente, los países expuestos al efecto monetario expansivo de la intervención oficial, para atenuar la apreciación tienen relativamente menos incentivos para poner en práctica operaciones de esterilización, con lo cual el acervo mundial de dinero crece como consecuencia de la variabilidad de los tipos de cambio.

5. EL CÍRCULO VICIOSO DEVALUACIÓN-INFLACIÓN

Otra línea de argumentación digna de ser estudiada se refiere a la hipótesis del "círculo vicioso" devaluación-inflación[16]. El

---

[16] La idea de la espiral entre movimientos del tipo de cambio e inflación fue desarrollada tempranamente por Haberler (1937). El interés por el tema resurgió durante la década de los setenta, cuando hicieron aparición simultánea la inestabilidad de los tipos de cambio y tasas altas y divergentes de inflación en los países industriales. Basevi y De Grauwe (1977) estudiaron las condiciones en las que círculos virtuosos de

foco del análisis se centra en determinar el conjunto de causas y circunstancias, que pueden conducir una economía a un proceso de reforzamiento mutuo y acumulativo de devaluación e inflación. La hipótesis del círculo vicioso postula que, en el contexto de tipos de cambio flexibles, una perturbación inicial puede desatar un proceso en el que la devaluación del tipo de cambio se transmite aceleradamente hacia los precios internos y esta inflación interna, a su vez, retroalimenta ulteriores depreciaciones. Evidente y directo es el nexo entre flexibilidad e inflación cuando el gobierno actúa bajo una regla de preservación del tipo de cambio real, que desplaza a cualquier otra ancla nominal monetaria o cambiaria. Cuando la autoridad ajusta el tipo de cambio nominal para recoger el diferencial de inflación con el exterior, la economía carece de un ancla nominal exógena que fije el nivel de precios. Es más bien este último el que sirve para indexar tanto el tipo de cambio nominal como la oferta monetaria. Una regla de tipo de cambio real constante, por consiguiente, conduce a una política monetaria acomodaticia, en la cual los incrementos del nivel de precios se acomodan automáticamente mediante una aceleración de la depreciación nominal y del crecimiento del dinero.

Pero también cuando por razones estructurales una economía es propensa a esta dinámica de reforzamiento acumulativo, un régimen de cambio flexible puede conducir a una mayor inflación que un régimen rígido. La discusión sobre el círculo vicioso

---

ajuste podían derivar en círculos viciosos y elaboraron recomendaciones de política cambiaria. Bilson (1979) desarrolló un modelo que incorporaba el comportamiento del mercado laboral, de las autoridades monetarias y de los especuladores en el mercado cambiario con el propósito de sustentar teóricamente la hipótesis del círculo vicioso. Posteriormente, Bond (1980) realizó una discusión más sistemática del tema al indagar sobre los condicionantes y determinantes que explicarían la aparición del círculo vicioso en el contexto de la dinámica de ajuste de una economía frente a perturbaciones, al tiempo que aportó material empírico sobre el fenómeno en las principales economías industrializadas.

tiene por lo tanto una doble vertiente. Por un lado, debe analizarse en qué momento y por qué razones un proceso de ajuste puede desviarse hacia una dinámica perversa de reforzamiento acumulativo de devaluación e inflación. Y por otro lado se plantea la cuestión central de si el régimen cambiario como tal induce la aparición del círculo vicioso.

El debate sobre las causas de la divergencia entre las tasas de inflación durante la década de los setenta sirvió para profundizar en el tema de la interrelación entre flexibilidad cambiaria e inflación. Especial atención recibieron los casos de Italia y del Reino Unido, países que experimentaron tasas de inflación más altas que las de otros países industrializados. Los defensores de la flexibilidad cambiaria argumentaban que el fenómeno inflacionario tenía su origen en las políticas fiscales y monetarias domésticas y que el "manejo" del tipo de cambio muy poco podía lograr por sí solo para estabilizar la economía. Los detractores de la flexibilidad, por el contrario, pensaban que la volatilidad de los tipos de cambio se había convertido en una fuente autónoma de presiones inflacionarias.

Una primera variante de la hipótesis del círculo vicioso se basó precisamente en esta creencia de que sistemas cambiarios flexibles tienen propensión intrínseca a generar inestabilidad dinámica. Según esta variante, la principal explicación de la inestabilidad reside en el carácter financiero del mercado cambiario. Los mercados financieros son mercados de "subasta", en los que los precios responden de forma instantánea frente a desequilibrios, a diferencia de los mercados laborales y de bienes, en los que los precios se mueven lentamente a causa de inercias contractuales. Adicionalmente, los precios de los activos financieros, entre los cuales el principal es el tipo de cambio, reaccionan típicamente con antelación en función de las expectativas de los agentes financieros. Expectativas de aumentos de precios, de salarios o de la masa monetaria son inmediatamente reflejadas en el precio de la divisa. Esta devaluación anticipada, a su vez, genera presiones de aumento salarial e incrementa el costo del componente importado, lo cual termina traduciéndose en una expectativa auto cumplida. Por otra parte, tanto la escasa flexibilidad de corto plazo de los precios de los mercados reales como la sensibilidad del mercado financiero a las expectativas hacen recaer en una primera instancia todo el peso del ajuste sobre el tipo de cambio. Para compensar la lentitud del ajuste de los mercados reales, el tipo de cambio debe "sobreajustarse" (sobrerreaccionar) para restablecer temporalmente el equilibrio entre oferta y demanda[17].

La segunda variante de la hipótesis se centra en las características o determinantes que apartan el proceso de ajuste de una senda "sana" y lo desvían hacia una espiral inflacionaria. En esta visión, la razón esencial del círculo vicioso es que la política monetaria reacciona de forma acomodaticia frente a la presión devaluacionista. Bond (1980) distingue tres fases en el ajuste frente a una perturbación inicial, por ejemplo, un incremento de la base monetaria de una sola vez. De no existir acomodación monetaria, en la fase I el incremento monetario inducirá una reducción de la tasa de interés doméstica, salida de capitales y depreciación de la moneda local. La depreciación continuará hasta que la mejoría del saldo de la cuenta corriente se equipare con la salida de capitales. El resultado provisional será una mejoría de la balanza comercial y del nivel de empleo, la cual será tanto mayor cuanto menos anticipados sean los efectos del impulso monetario inicial.

En la fase II, los salarios y los precios reaccionan frente al deterioro real que ocasiona la depreciación cambiaria a través del incremento de los precios domésticos de los bienes importados.

---

[17] Dornbusch (1976a y 1976b) analiza exhaustivamente el fenómeno del *overshooting* en la dinámica de los procesos de ajuste.

Crecientes presiones inflacionarias se hacen presentes tanto por el lado del traslado de la demanda hacia bienes y servicios domésticos, como en el lado de la oferta por el encarecimiento del componente importado y la elevación del salario real. En la medida en que los precios domésticos crecen, la mejora inicial de precios relativos se revierte, la cuenta corriente se deteriora, el empleo cae y el tipo de cambio continúa depreciándose, entrando así la economía en un estadio de estanflación.

En la fase III, el efecto deflacionario de la caída del ingreso real y del empleo restituyen el equilibrio real inicial, que se alcanza cuando todos los precios, incluyendo el precio de la moneda doméstica, se han ajustado al nuevo nivel estacionario. Un resultado implícito de este análisis es que cambios en la oferta monetaria no son capaces de afectar permanentemente los niveles de actividad real. Una mejoría sostenible de los niveles de empleo y de producción solo sería posible si el salario real disminuye permanentemente por efecto del impulso monetario, lo cual es altamente improbable ya que ello implicaría que, primero, los agentes económicos no anticipan los efectos del impulso monetario y, segundo, que permanecen atrapados en la ilusión monetaria, incluso después de desatado el proceso inflacionario.

El proceso descrito en los párrafos anteriores todavía no ha incorporado el efecto de la espiral de retroalimentación entre devaluación e inflación. De hecho, el recorrido por las fases I al III asemeja bastante al proceso automático de ajuste interno de precios y salarios (incluido el tipo de cambio), después del cual la economía real logra su equilibrio y las variables nominales ajustan lo necesario para la obtención de dicho equilibrio. Veamos ahora en qué condiciones y a través de qué mecanismos puede llegar a desatarse la espiral devaluación – inflación.

Varias son las condiciones que hacen más propensa una economía al reforzamiento mutuo entre devaluación e inflación.

En primer lugar, si la elasticidad de la demanda de dinero a la tasa de interés es baja, será necesaria una caída mayor de la tasa de interés en la fase I y, consiguientemente, una depreciación mayor del tipo de cambio. En segundo lugar, si las elasticidades del producto interno y de la cuenta corriente al tipo de cambio son bajas, mayor deberá ser la depreciación del tipo de cambio para generar la misma expansión del producto y la misma mejoría del saldo de la cuenta corriente en la fase I. En tercer lugar, cuanto mayor sea la apertura de la economía, lo cual suele coincidir con menor tamaño de país, mayor será el impacto inflacionario de la devaluación y mayor será la necesidad de caída de los saldos reales para restablecer el equilibrio monetario en la fase II.

Una cuarta característica estructural que facilita la aparición del círculo vicioso es la endogeneidad de la política monetaria. Aun cuando pueden darse casos de políticas acomodaticias "autónomas", la relación perversa devaluación-inflación encuentra el "humus" propicio precisamente en los casos en los que la oferta monetaria tiene carácter predominantemente endógeno. Ello es especialmente relevante en el caso de economías con sectores públicos superavitarios en divisas, cuya gestión fiscal tiene un significativo impacto monetario de carácter endógeno. Ello sucede, por ejemplo, cuando una alta proporción del ingreso fiscal está denominada en divisas, las cuales deben ser monetizadas para convertirse en gasto público interno. Un caso típico es el de una economía petrolera, en la que los tributos sobre el negocio petrolero representan el principal componente del ingreso fiscal. Cuando este ingreso se transforma en gasto, el impacto monetario es directo e íntegro. El mecanismo usual de monetización consiste en que el ente petrolero público entrega divisas al banco central a fin de que este le proporcione moneda local para atender el pago de impuestos al fisco y los costos internos de operación. Una vez que el fisco incorpora estos recursos al flujo ordinario de gastos o que la empresa petrolera paga a sus proveedores locales, la masa monetaria se ve incrementada en un monto equivalente al valor local de las divisas ingresadas al banco central. Este efecto monetario no varía sustancialmente en el caso de que las divisas petroleras sean vendidas a través de agentes cambiarios privados, ya que, al final de la cadena, el impacto sobre el nivel de reservas del banco central y, por ende, sobre la base monetaria será muy similar.

Para que la dinámica de ajuste restituya el equilibrio real inicial (fase III) es necesario que la política monetaria se inhiba de interferir en el mecanismo de ajuste deflacionario, cuando el desempleo es alto y la inflación comienza a ceder. Otra condición necesaria es que los precios y salarios sean suficientemente flexibles hacia abajo como para permitir que el mecanismo deflacionario funcione. Pero bien puede suceder que esa flexibilidad no esté presente o que el nivel de desempleo sea tan alto, que la autoridad monetaria se vea compelida a "acomodar" las presiones inflacionarias iniciales mediante expansiones monetarias adicionales. Este es el momento en el que la dinámica perversa del círculo vicioso comienza a actuar. Ese momento puede presentarse ya entre las fases I y II, pero más frecuentemente lo hace entre las fases II y III. La probabilidad de aparición del comportamiento acomodaticio de las autoridades será mayor cuanto más importancia relativa tenga el objetivo del empleo dentro de la función de preferencia de las autoridades o cuanto más rígidos sean los precios y salarios. Esta rigidez dependerá, a su vez, de condiciones estructurales del mercado laboral (legislación laboral, poder sindical, etcétera) o de la existencia de mecanismos inerciales de fijación de precios (indexación, cultura contractual, etcétera).

Respecto del papel que desempeña el tipo de régimen cambiario en la aparición del círculo vicioso, aun cuando Bilson (1979) y Bond (1980) opinan que la flexibilidad cambiaria por sí sola no suele ser responsable de causar el círculo vicioso, reconocen que la volatilidad del mercado cambiario puede convertirse en el iniciador del proceso. Argumentan, sin embargo, que en algún momento del proceso dinámico hacia el equilibrio el tipo de cambio comenzará a apreciarse y los precios deberán retroceder, poniendo fin así al círculo vicioso. Solamente si los precios y salarios ofrecen resistencia a la baja y si la autoridad monetaria valida la espiral inflacionaria con políticas acomodaticias, será posible que el círculo vicioso que se inició en el mercado cambiario volátil pueda continuar indefinidamente.

En nuestra opinión, la influencia del régimen cambiario no puede ser relegada al papel de mero "disparador" de la devaluación. El régimen cambiario también determina el marco en el que se desenvuelve la política económica, especialmente la política monetaria. Dadas unas mismas características estructurales y sometida la economía a la misma magnitud de perturbaciones, los regímenes flexibles permiten con mayor facilidad la adopción de políticas monetarias acomodaticias, principalmente debido a que liberan a la autoridad económica del imperativo de la disciplina que impone un tipo de cambio fijo. Pero cuando un banco central está sometido a la restricción de defender un tipo de cambio nominal fijo, su política monetaria debe subyugarse a este objetivo. Una expansión monetaria excesiva desembocaría inexorablemente en déficit de balanza de pagos, pérdida de reservas y abandono del tipo de cambio con el consiguiente costo político. La rigidez cambiaria, por consiguiente, reclama el comportamiento prudente del banco central.

6. ALGUNAS INDAGACIONES HISTÓRICO-EMPÍRICAS

Más allá, sin embargo, de que intuitivamente se establezca una relación entre flexibilidad y comportamiento acomodaticio frente a las presiones inflacionarias, las evidencias empíricas sobre la relación entre régimen cambiario e inflación deben ser observadas. En los años setenta y ochenta se observa una tendencia a responsabilizar a la flotación cambiaria por el incremento de la inflación, pero no pocos autores proporcionan también argumentos y datos que obligan a ser cuidadosos a la hora de postular un nexo lineal entre flexibilidad cambiaria y mayor inflación[18]. Estas divergencias de resultados empíricos tienen su explicación, por lo general, en la magnitud de las muestras y en la longitud del período observado. Cuanto más reducida la muestra objeto de la investigación y cuanto más corto sea el período de análisis, mayor es la dispersión de los resultados. Ello se debe a que la presencia de otros elementos que también determinan el comportamiento de los precios puede sobreponerse por encima del posible efecto del régimen cambiario considerado aisladamente. La principal razón de las divergencias, empero, reside en la gran disparidad de las clasificación de regímenes cambiario-monetarios. Unas investigaciones catalogan a un país en un momento dado dentro de una categoría y otras lo ubican en otra categoría. Intentemos, sin embargo, reseñar algunos estudios y ver si se pueden obtener algunas evidencias.

En lo referente al efecto "trinquete", un estudio del Departamento de Investigación del Fondo Monetario Internacional (1984) revela que seis países de un conjunto de siete estudiados muestran una correlación positiva, aunque débil, entre inflación y variabilidad del tipo de cambio. En relación con la hipótesis del círculo vicioso, Black (1978) hace un recuento detallado de las respuestas de política de los ocho principales países industrializados frente a perturbaciones exógenas durante la década de los setenta. La perturbación inicial fue de carácter monetario. El

---

[18] Ver, por ejemplo, Romer (1993), Collins (1994), Quirk (1994), Svensson (1994), Tornell y Velasco (1995).

autor demuestra que el colapso del sistema de Bretton Woods y la adopción de tipos de cambio flotantes coincide con una considerable expansión de la oferta monetaria durante 1972 en todos los países. El subsiguiente boom inflacionario de 1973 refleja semejanzas con la transición de la primera hacia la segunda fase del proceso de ajuste, tal como es analizado por Bond (1980). Una segunda perturbación, el *shock* petrolero de 1973-1974, contribuye a acentuar la estanflación ya en marcha. Es en esta segunda fase cuando empiezan a diferenciarse las respuestas de política de los países en estudio. Mientras que el resto de los países siguen un curso monetario restrictivo, el Reino Unido e Italia optan por combatir el desempleo y permiten un crecimiento monetario de 25,5 y 23,5 por ciento, respectivamente, durante 1973. Ambos países logran reducir la tasa de subempleo entre 1972 y 1974, pero el precio es una inflación mayor que sus vecinos y el debilitamiento de sus monedas domésticas.

Comparemos los niveles medios de inflación durante los grandes regímenes monetarios-cambiarios que han estado vigentes desde el patrón oro hasta el régimen de flotación post Bretton Woods (ver cuadro II.1). Si hacemos abstracción del proceso deflacionario de los años entre las dos guerras mundiales, se observa que el período del patrón oro experimentó la inflación más baja del siglo. Con la excepción de Japón, la inflación durante este período no solo fue baja (medida por la "media del grupo"), sino también homogénea (medida por el indicador de "divergencia"), lo que indica que el mecanismo de los flujos de oro (*price-specie-flow mechanism*) y del consiguiente arbitraje internacional ejerció un férreo efecto disciplinador sobre los países integrantes del sistema. La credibilidad en el compromiso de convertibilidad-oro de las monedas a una paridad fija permitió que los flujos de capital y el arbitraje funcionaran eficientemente sin las trabas de la incertidumbre cambiaria. La volatilidad de la inflación en el patrón oro fue también moderada e inferior a la del período de Bretton Woods.

CUADRO II.1
Tasas de inflación[1] comparadas por sistemas monetarios

	Patrón- oro	Inter- guerra	Bretton Woods	Flotación	
	1881- 1913	1919- 1938	1946- 1970	1974- 1989	1990- 2013
Estados Unidos	0,3	-1,8	2,4	5,6	2,1
Reino Unido	0,3	-1,5	3,7	9,4	1,5
Alemania	0,6	-2,1	2,7	3,3	2,0
Francia	0,0	2,2	5,6	8,8	3,0
Japón	4,6	-1,7	4,5	2,6	-0,5
Canadá	0,4	-1,9	2,7	7,9	2,6
Italia	0,6	-1,1	3,6	7,2	2,1
Media del grupo	1,0	-1,1	3,6	6,4	1,8
Divergencia[2]	0,9	1,0	0,9	2,8	0,6
Volatilidad[3] de la inflación	3,4	7,7	4,6	3,3	1,5

(1) Promedios anuales, calculados sobre la base de deflactores del PIB.
(2) Media de las diferencias absolutas entre la media de cada país y la media del grupo.
(3) Media simple de las desviaciones estándar de las tasas de inflación en cada país.
Fuente: Bordo (1993) y FMI para cifras de 1990-2013.

En la deflación de la inter-guerra jugó ciertamente un papel considerable el esfuerzo de los países industriales por retornar a los niveles de precios y de paridad oro previos al colapso del sistema monetario internacional en 1914, pero también estuvo presente el efecto devastador de la Gran Depresión mundial de fines de la década de los veinte. Este largo ciclo depresivo-deflacionario compensa estadísticamente el impacto inflacionario del desorden cambiario (devaluaciones "competitivas") que imperó durante la mayor parte de la década de los treinta, una vez que colapsó el intento de revivir el viejo sistema del patrón oro. Por ello es que, a pesar de que la media de inflación fue negativa, la volatilidad de la tasa fue muy alta.

La época de Bretton Woods trajo consigo un incremento relativo del nivel de las tasas de inflación, paralelamente a un relajamiento de la rigidez cambiaria en comparación con la época del patrón oro. A pesar de que el *desideratum* de los acuerdos celebrados en esa ciudad estadounidense era la estabilidad de los tipos de cambio, los arquitectos del sistema tuvieron esmero en abrirle la puerta a la posibilidad de realineaciones "ordenadas" de los tipos de cambio, cuando las alteraciones en los fundamentos económicos así lo aconsejaran. De hecho, el sistema de Bretton Woods fue un concierto de regímenes de cambio fijo "ajustable". Por otra parte, aun cuando en teoría la moneda de reserva (el dólar estadounidense) era convertible en oro a una paridad fija hasta 1971, la liquidez internacional no estuvo realmente sometida a los límites impuestos por el stock mundial de oro. Adicionalmente, desde el punto de vista doméstico, las trabas a la movilidad de capitales permitieron a las autoridades un cierto margen de maniobra para poner la política monetaria al servicio del objetivo prioritario del crecimiento económico. Sin embargo, y a pesar del incremento respecto de los años del patrón oro, la inflación media durante la vigencia del sistema de Bretton Woods continuó siendo moderada. En lo que se refiere a la divergencia del desempeño inflacionario, este fue relativamente tan homogéneo como en fases anteriores. La volatilidad de la inflación fue también relativamente moderada. A la vista de todo lo anterior, puede afirmarse que la economía mundial experimentó durante las dos décadas y media de vigencia del sistema de Bretton Woods un período de considerable estabilidad cambiaria y baja inflación.

Después del colapso escalonado del sistema de Bretton Woods durante el trienio 1971-1973, los tres bloques industrializados (Estados Unidos, Europa, Japón, con sus respectivas áreas de influencia) adoptaron un esquema de libre flotación de sus monedas, con muy escasa intervención concertada en los primeros años y una tímida coordinación a partir del acuerdo del New York Plaza en 1985 y de su reforzamiento a través del acuerdo del Louvre a principios de 1987. Con excepción de Japón y de Alemania, dos países que asumieron el papel de "anclas monetarias" en sus respectivos bloques, el nivel de inflación en los países industrializados experimentó un alza significativa después de 1973. La media del grupo pasa de 3,6 por ciento anual durante Bretton Woods a 6,4 por ciento anual entre 1974 y 1989. También el índice de divergencia se eleva sustancialmente, lo que refleja una mayor autonomía de los países en el uso de la política monetaria para enfrentar las perturbaciones. El paso del régimen cuasi fijo al régimen flotante les permitió a los países estabilizar el producto y el empleo frente a perturbaciones de oferta asimétricas, a expensas de la estabilidad relativa de las tasas de inflación[19].

Los estragos que la inflación causó en varios países importantes desde el inicio de la flotación dio pie a una amplia discusión teórica y política sobre la importancia de estabilizar los precios. A partir de la década de los 90, todo el mundo occidental desarrollado implantó mecanismos para poner a la inflación bajo control, especialmente mediante el refuerzo de la independencia de los bancos centrales para atender su mandato prioritario de garantizar la estabilidad inflacionaria. Vemos en el mismo cuadro II.1 que en el período 1990-2013 la media de la inflación del grupo de países seleccionados cae por debajo del 2 por ciento, la divergencia se reduce de forma llamativa a 0,6 y la volatilidad de la inflación también se reduce a niveles no vistos

---

[19] Ver Bayoumi y Eichengreen (1992), quienes aportan evidencias de que la mayor dispersión de las tasas de inflación posibilitó una menor dispersión de las tasas de crecimiento real.

en la historia previa de los sistemas monetarios mundiales. Estas cifras demuestran que la flotación en sí no tiene porqué ser generadora de mayor inflación, especialmente cuando las autoridades monetarias reciben el mandato y las herramientas para controlarla. Otra interpretación complementaria es que el grado de flexibilidad cambiaria se reduce de forma progresiva al interior de los bloques monetarios más o menos formales que se fueron construyendo alrededor de las principales monedas de reserva. Sirva la experiencia europea como ejemplo de esta tendencia.

En efecto, la época post 1973 es especialmente compleja de analizar, ya que se pierde la universalidad de los arreglos monetarios-cambiarios. Al interior de cada bloque, especialmente del europeo, funcionaron desde 1973 esquemas cambiarios no tan flexibles, lo cual obliga a ser cauteloso a la hora de asociar la mayor inflación de esos años con la flotación. De hecho, el mecanismo cambiario del Sistema Monetario Europeo se asemejó considerablemente al sistema de Bretton Woods, pero con bandas de flotación algo más amplias y un esquema interno de apoyo crediticio para intervenciones cambiarias. Pero esta mayor rigidez cambiaria al interior de Europa no eximió a los países europeos de la necesidad de proceder a frecuentes realineaciones para hacerle frente a la turbulencia económica de los setenta y principios de los ochenta.

Tal como se aprecia en el cuadro II.2, tanto el promedio como la desviación estándar (volatilidad) de la inflación en los países europeos se incrementan sensiblemente en la década de los 70. También la divergencia presenta niveles muy altos, similares a los del resto del mundo en esa década. El primer *shock* petrolero de 1973-1974 hizo fracasar el esquema de la "serpiente" como solución europea global, que pronto quedó reducida al área de influencia inmediata del marco alemán. En el período 1980-1993 funcionó plenamente el Mecanismo Cambiario del

Sistema Monetario Europeo (SME), mediante el cual las monedas europeas estaban de facto atadas al marco alemán en una estrecha banda de flotación. Cuando eran necesarias realineaciones, las autoridades europeas competentes se encargaban de que ellas se produjeran ordenadamente y los países afectados acometieran las reformas necesarias. El promedio de la inflación en ese período fue 6 por ciento anual, con una alta volatilidad de 3,9 y también alta divergencia de 1,9.

CUADRO II.2

Inflación[1] en el Sistema Monetario Europeo, países selectos

	1970-1979	1980-1993	1994-1998	1999-2013
Reino Unido	12,6	6,5	2,1	2,2
Bélgica	7,1	4,6	1,6	2,1
Dinamarca	9,3	5,2	1,8	2,1
Francia	8,9	6,1	1,5	1,8
Alemania	4,9	3,2	1,6	1,6
Irlanda	12,7	7,4	2,1	2,3
Italia	12,3	9,7	3,5	2,3
Holanda	7,0	2,6	1,9	2,2
España	14,1	9,1	3,3	2,7
Media del grupo	9,9	6,0	2,2	2,1
Divergencia[2]	3,0	1,9	0,6	0,2
Volatilidad[3] de la inflación	3,8	3,9	0,7	1,0

(1) Promedios de incrementos anuales del índice de precios al consumidor.
(2) Media de las diferencias absolutas entre cada país y el grupo.
(3) Media de las desviaciones estándar de las tasas de inflación en cada país.
Fuente: FMI, Fondo Monetario Internacional.

Estos altos indicadores de inflación durante esos 13 años no reflejan el sostenido proceso de reducción y convergencia de la inflación durante el período. Entre marzo de 1979, fecha de arranque de un nuevo "mecanismo cambiario" del SME, y septiembre de 1983 fueron necesarias siete realineaciones cambiarias para acomodar el impacto diferencial del segundo *shock* petrolero de 1979. A partir de ese momento, el costo político de las realineaciones cambiarias, junto con una creciente priorización del objetivo de la estabilidad de precios, condujo a una reducción progresiva de la inflación en todos los países europeos, para así lograr situarse a fines de la década de los ochenta en los niveles existentes durante la última década de vigencia de Bretton Woods. En efecto, entre octubre de 1983 y marzo de 1988 fueron necesarias apenas cuatro realineaciones cambiarias y solamente una entre abril de 1988 y septiembre de 1992, fecha en la que colapsa el Mecanismo Cambiario del SME. A partir de ese momento y hasta mediados de 1993, prácticamente todos los países europeos se ven obligados a realinear sus monedas y a ampliar sobremanera las bandas de fluctuación.

La experiencia de la turbulencia cambiaria de la segunda mitad de 1992 y primera mitad de 1993 sirvió de amarga lección para convencer a los gobiernos europeos de la necesidad de avanzar hacia estadios superiores de integración monetaria y cambiaria o, como alternativa, dejar flotar sus monedas. Prevaleció, lógicamente, la opción de avanzar hacia la unión monetaria. A principios de 1993 se firma el Tratado de Maastricht en el que se establecen los acuerdos fundamentales que regirán la unión monetaria europea (UME) y el cronograma de su implementación. Durante el período de convergencia preparatoria para el inicio de la unión monetaria el primero de enero de 1999, todos los países muestran un excelente comportamiento en materia de inflación, incluso los países que históricamente habían confrontado dificultad para controlarla (ver período 1994-1998 en el cuadro II.2). La divergencia y la volatilidad de la inflación muestran también excelentes indicadores.

Prácticamente se puede decir que, a efectos de la disciplina financiera y monetaria, Europa disfrutó de la estabilidad propia de una unión monetaria desde los años preparatorios de la convergencia. Por ello es que durante la posterior vigencia de la UME (1999-2013) las cifras de inflación soy muy similares a las de los años preparatorios. Lógicamente, el indicador de divergencia llega a un mínimo histórico de 0,2, como es de esperar en una unión monetaria. Pero es interesante observar que los países europeos que no adoptaron el euro, como Reino Unido y Dinamarca, tuvieron el mismo buen desempeño, debido a que los estrechos vínculos comerciales y financieros con el resto de Europa los obligaba a mantener su política monetaria en sintonía con sus vecinos de la UME.

A modo de conclusiones muy preliminares de los dos cuadros presentados, observamos que la progresiva flexibilización del régimen cambiario desde el sistema del patrón oro (cuadro II.1) hasta el sistema de Bretton Woods –dejando de lado el atípico periodo de la inter-guerra– ha estado acompañada de un incremento de la inflación. Durante Bretton Woods, las restricciones que el compromiso de un cambio fijo imponía a la política económica, especialmente a la monetaria, parecen haber facilitado una mayor coordinación o convergencia del desempeño macroeconómico y de la inflación. Las realineaciones cambiarias, aun cuando monitoreadas por el FMI, y sus consiguientes brotes inflacionarios, fueron frecuentes. El colapso de Bretton Woods y el advenimiento de la flotación en un contexto de fuertes perturbaciones en la economía mundial se reflejó en un aumento muy considerable de la inflación. Ello condujo a los analistas a culpar demasiado simplistamente a la flexibilidad cambiaria por el alza de la inflación. Sin duda que la flexibilidad de los regímenes cambiarios facilitó los necesarios ajustes diferenciales de precios de los países, pero las cifras del período post 1990 reflejan un llamativo retorno a la estabilidad de precios, lo cual muestra que es posible la disciplina monetaria e inflacionaria aun en el marco de la flotación cambiaria. Mucho ha influido en este éxito anti-inflacionario el "cambio de moda" del pensamiento económico a favor de la estabilidad nominal de la economía, que se manifiesta en un mayor compromiso de las autoridades para combatir la inflación.

Buena parte del mérito de la estabilización lo han tenido también los mecanismos de coordinación monetaria-cambiaria al interior de los grandes bloques existentes en la economía mundial. La evolución de la inflación dentro del mecanismo cambiario del sistema europeo (cuadro II.2) también sugiere el efecto estabilizador de la rigidez cambiaria, especialmente en los países con menor credibilidad en materia inflacionaria. El proceso de convergencia hacia niveles más moderados de inflación ha sido lento y arduo. Recién en los años 90 puede decirse que Europa encontró su estabilidad nominal, y en ello influyó grandemente el inexorable mandato de armonización que impuso el compromiso de iniciar la unión monetaria en enero de 1999.

Una cuestión que se ha discutido ampliamente, sin embargo, es la de si la mayor inflación post 1970 se debe a la presencia de mayores fuentes de perturbación a escala mundial, tales como los *shocks* petroleros de la década de los setenta. Intuitivamente, muchos autores dan por hecho que la economía mundial estuvo sometida a una mayor volatilidad en la década de los setenta. Krugman y Obstfeld (2009), por ejemplo, opinan que la rigidez de Bretton Woods no hubiera podido sobrevivir a las perturbaciones acaecidas en esos años. Pero Eichengreen (1995) afirma que no hay evidencia empírica de que la variabilidad del producto haya sido mayor en los sistemas cambiarios flexibles; las perturbaciones de oferta y de demanda tuvieron esencialmente la misma intensidad después del colapso del sistema de Bretton Woods que durante su existencia. Tampoco es posible a este nivel de análisis responder a la cuestión sobre si es la rigidez cambiaria la que conduce a la convergencia de las tasas de inflación o si, por el contrario, la estabilidad y homogeneidad de la inflación es la que posibilita un tipo de cambio estable.

Estas observaciones de cautela exigen indagar con más profundidad en el tema, ampliar la muestra de países y afinar las herramientas de análisis estadístico. Un importante avance en esa dirección es el amplio estudio empírico de Ghosh et al. (1995), donde encuentran que el nivel de inflación ha sido generalmente inferior bajo regímenes de cambio fijo que bajo regímenes más flexibles[20]. La tasa de inflación promedio en los 136 países objeto del estudio durante el período 1960-1990 fue de 13,7 por ciento anual. Los países con regímenes de cambio fijo experimentaron una tasa de inflación anual promedio de 11,5 por ciento (inferior al promedio general), los países con regímenes intermedios tuvieron un promedio de 21,5 por ciento y los países con regímenes flexibles de 24,2 por ciento. Similar diferencia se observa en las tasas de crecimiento monetario. Los países con regímenes de cambio fijo tuvieron un crecimiento monetario promedio de 16 por ciento, los países con regímenes intermedios 22 por ciento y los países con regímenes flexibles 25 por ciento. Estos resultados no varían sustancialmente cuando se incorpora estadísticamente la posibilidad de un condicionamiento "endógeno" de la elección de régimen cambiario al desempeño macroeconómico del régimen.

La explicación sugerida por los autores del estudio para esta asociación apunta a un doble efecto de la rigidez cambiaria sobre el desempeño inflacionario. Postulan, por un lado, un efecto monetario *disciplinador* que se deriva del hecho de que los regímenes cambiarios fijos implican un compromiso altamente visible por parte de las autoridades, que incrementa el costo

---

[20] Ver Ghosh, Gulde, Ostry y Wolf (1995), que analizan datos de 136 países correspondientes al periodo 1960-1990 con un total de 3.685 observaciones de inflación. Los países son clasificados en nueve categorías de regímenes de acuerdo con la taxonomía utilizada por el Fondo Monetario Internacional.

político del crecimiento monetario excesivo. Y por otro lado, en la medida en que la fijación del tipo de cambio sea creíble, los regímenes rígidos generan un efecto de *confianza*, que desacelera la velocidad de circulación y estimula el crecimiento de la demanda de dinero. En última instancia, ambos efectos tendrían su raíz común en el fenómeno de la credibilidad que acompaña, en principio, al compromiso de defender un tipo de cambio fijo.

Confirma esta hipótesis del efecto de la credibilidad, la observación empírica de que países con regímenes de cambio fijo, pero donde este es ajustado frecuentemente, experimentaron una tasa de inflación promedio anual de 25,2 por ciento (en vez del 11,5 por ciento del grupo). Igual deterioro está presente en el desempeño monetario de esos países. Parece evidente que, cuando la credibilidad es afectada por frecuentes realineaciones cambiarias, lo cual es un fenómeno usual en países menos desarrollados, los efectos de disciplina y de confianza no se hacen presentes. Más bien, la inestabilidad cambiaria actúa como factor inflacionario, independientemente del régimen de cambio formalmente adoptado. Por otra parte, el estudio destaca que los países de alto ingreso con regímenes flexibles exhiben una inflación y un crecimiento monetario inferiores al promedio de toda la muestra, lo cual indicaría que la existencia de instituciones maduras y de una mayor preferencia social por la estabilidad inflacionaria más que compensa el eventual efecto desestabilizador de la flexibilidad cambiaria. En conclusión, parecería que la rigidez cambiaria ayuda relativamente más en los casos de países menos desarrollados, donde la credibilidad de las políticas económicas está más amenazada.

A similar conclusión se arriba cuando se analiza el impacto del régimen cambiario sobre la *volatilidad* de la tasa de inflación. Controlando estadísticamente los otros determinantes de la volatilidad (volatilidad del producto, volatilidad del crecimiento monetario, volatilidad de las tasas de interés, etcétera), el mencionado estudio de Gosh et al. observa que regímenes de cambio fijo ejercen un efecto negativo, aunque no muy significativo, sobre la volatilidad de la tasa de inflación. El impacto del régimen cambiario se torna más significativo, cuando se excluye del análisis la volatilidad del crecimiento monetario, lo que sugiere que regímenes rígidos ejercen realmente un efecto disciplinador no solo sobre el nivel promedio de la tasa de inflación, sino también sobre su volatilidad. Es interesante notar que, a pesar de que en cada subgrupo de países se observa esta correlación positiva entre flexibilidad cambiaria y volatilidad de la inflación, los países en desarrollo exhiben la mayor volatilidad de inflación, independientemente del tipo de régimen cambiario.

Estos trabajos empíricos tienen la limitante de que básicamente usan la clasificación de regímenes cambiarios que anualmente realiza el Fondo Monetario Internacional para los más de 180 países miembros. No es sino recientemente, a partir de fines de los noventa, que el FMI empieza a tomar en cuenta de forma sistemática el hecho de que una cosa era lo que los países declaraban de jure como arreglo cambiario y otra el comportamiento de facto de los regímenes[21]. Ante esta deficiencia varios expertos se dieron a la tarea de elaborar nuevas taxonomías y reclasificar a los regímenes / países según su comportamiento fáctico. Uno de los trabajos más influyentes ha sido el realizado por Reinhart y Rogoff (2004), en el que, entre otras cosas, relacionan el tipo de régimen con el nivel de inflación para el período 1970 – 2001.

---

[21] Ver Purroy (2013), capítulo II.

CUADRO II.3
Inflación anual media según taxonomía de regímenes cambiarios
1970-2001

Taxonomía	Fijo	Flexibilidad limitada	Flotación manejada	Flotación libre	Caída libre
FMI oficial	39	5	75	174	NA
Reinhart & Rogoff	16	10	17	9	443

Fuente: Reinhart y Rogoff (2004), Tabla IX, pág. 38.

Lo primero que llama la atención es la disparidad de resultados según se use la taxonomía oficial del FMI o la propia elaborada por los autores (ver cuadro II.3). La principal variante introducida por Reinhart y Rogoff es la categoría de *caída libre* (regímenes "fallidos" con inflaciones superiores al 40 por ciento anual), donde se ubican más de un tercio (!) de las observaciones empíricas del hemisferio occidental. Buena parte de los regímenes catalogados por el FMI como fijos o flotantes terminaron entrando en caída libre, de ahí que no aislar esta "caída libre" como categoría contamina la cifra de inflación anual promedio asociada a las categorías convencionales del FMI. Así como no puede ser cierto que los regímenes fijos, según definición del FMI, tuvieran una inflación promedio de 39 por ciento, tampoco es cierto que la flotación estuviera asociada a tales niveles altísimos de inflación. Aislando los episodios de caída libre, las cifras de Reinhart & Rogoff no soportan la hipótesis de un sesgo inflacionario mayor de los regímenes flexibles, pero tampoco sustentan la hipótesis contraria. Lo que sucede es que los regímenes flotantes que no derivaron en caída libre fueron flotaciones "exitosas", cuyo éxito muy probablemente se debió a la aplicación de políticas macroeconómicas adecuadas y a la credibilidad ganada por las autoridades monetarias en un círculo virtuoso entre la estabilidad y la flexibilidad.

Refuerza esta suposición el hecho de que la mayor parte de los países flotantes libres son economías grandes y maduras. Igualmente, los eventos de régimen fijo en la clasificación de Reinhart y Rogoff están asociados a una inflación moderada, porque su supervivencia solo es posible en un marco de consistencia entre el objetivo cambiario y la política monetaria y fiscal.

Reinhart & Rogoff aportan un segundo elemento empírico que abunda en la misma dirección de que la baja inflación es más producto de la disciplina macroeconómica y de la credibilidad que del tipo de régimen en sí mismo. A la hora de analizar el comportamiento fáctico de los regímenes es de vital importancia la estructura del régimen cambiario, el cual se define por la existencia de un cambio único o cambios duales o múltiples. Es el comportamiento del cambio paralelo el que verdaderamente determina el carácter del régimen cambiario-monetario. El cuadro II.4 diferencia el comportamiento inflacionario para 1970 - 2001 de las dos categorías de estructura cambiaria.

CUADRO II.4
Inflación anual media según estructura del régimen cambiario
1970-2001

	Tasa de inflación anual promedio
Tipo de cambio único	20
Tipo de cambio dual o múltiple	163

Fuente: Reinhart y Rogoff (2004), Tabla VIII, pág. 37.

La diferencia observada en el comportamiento inflacionario según la estructura cambiaria es totalmente esperable. Los regímenes cambiarios que por diseño o por fracaso funcionan con tipos de cambio múltiples, donde la autoridad establece un cambio oficial y el mercado determina un tipo de cambio superior, son reflejo de distorsiones en el funcionamiento de los mercados, pero sobre todo son reflejo de marcos de políticas macroeconómicas contradictorias o excesivamente expansivas. Estas situaciones obligan a las autoridades a implantar sistemas de control de cambio y restricciones a la convertibilidad de la moneda, que usualmente derivan en la aparición de cambios múltiples. Simultáneamente y por similares razones, las autoridades tienden a recurrir a la imposición de controles de precios, que favorecen la aparición de mercados opacos o negros con diferentes niveles de precios y de escasez. No es de extrañar, en consecuencia, que en esos países la inflación venga determinada, esencialmente, por el tipo de cambio no controlado y que la inflación oficialmente observada no refleje la represión subyacente de precios.

A modo de conclusión, este sucinto repaso de observaciones históricas y de estudios empíricos sobre la relación entre régimen cambiario e inflación nos indica que la hipótesis de que la flexibilidad cambiaria está asociada con mayor inflación tiene cierto sustento, pero que esta relación es tan compleja como la realidad económica que la subyace, lo cual no permite postular relaciones unívocas de causalidad. Parece cierto que la asimetría de la flexibilidad de los precios en contextos de volatilidad cambiaria, genera un impacto inflacionario neto, pero no confundamos flotación con volatilidad. También se observa un aumento de la inflación en la medida en que el sistema monetario internacional pasa de la extrema rigidez del patrón oro, al esquema fijo ajustable de Bretton Woods y a la flotación posterior. No sabemos, sin embargo, cuál ha sido históricamente la dirección de causalidad entre flexibilidad cambiaria e inestabilidad inflacionaria. Si la adopción de régimen es resultado endógeno de la constelación de variables macro y microeconómicas, la flotación cambiaria puede ser vista como una respuesta a desequilibrios económicos existentes y no la causante de ellos.

Al final de este periplo por la abundante literatura teórica y empírica producida sobre el tema, nos inclinamos a plantear la hipótesis de que es el efecto disciplinador que ejerce la fijación cambiaria sobre la política monetaria y fiscal el que permitiría establecer un vínculo entre rigidez cambiaria y estabilidad nominal de la economía. Los altos costos de la indisciplina macroeconómica bajo un régimen de cambio fijo refuerzan la credibilidad del compromiso de las autoridades en pro de la estabilidad.

III

RIGIDEZ, DISCIPLINA Y CREDIBILIDAD

En línea con la hipótesis avanzada al final del capítulo anterior, vamos a explorar el efecto disciplinador que la rigidez cambiaria pudiera ejercer sobre el ejercicio de las políticas económicas. La limitante más inmediata que la defensa de un tipo de cambio impone es la disponibilidad de reservas de moneda internacional en el banco central. Por otro lado, conviene explorar qué tanto coadyuva la rigidez cambiaria con el ejercicio de la disciplina fiscal. Al final encontraremos que la credibilidad del compromiso de la autoridades con la estabilidad nominal es tan importante o más que la misma rigidez o flexibilidad cambiarias.

1. Efecto disciplinador de las reservas finitas

Entremos a analizar los argumentos que subyacen a la explicación del doble efecto de la rigidez cambiaria sobre la estabilidad inflacionaria. En lo que se refiere al efecto disciplinador, el argumento reza que regímenes de cambio fijo imponen una mayor disciplina en el ejercicio de la política económica. Tipos de cambio fijos obligan a las autoridades a aplicar políticas más conservadoras, si no desean incurrir en el costo político del incumplimiento del compromiso. Si la disciplina financiera está ausente, el compromiso de un tipo de cambio fijo conduce a una secuencia de crisis financiera, crisis de balanza de pagos, volatilidad económica y daños al flujo de comercio e inversión.

El principal mecanismo a través del cual opera la restricción de las políticas es lo que en la literatura se ha denominado el efecto disciplinador de las reservas de divisas[22]. Dado que en un régimen flexible la autoridad monetaria no está comprometida a usar las reservas para defender un determinado objetivo cambiario, es mucho más fácil para un banco central embarcarse en una política monetaria expansiva, puesto que no corre riesgo de sufrir pérdidas de reservas.

Como el tipo de cambio flexible, por definición, mantiene en equilibrio el mercado cambiario y los mercados internos, no existe de forma inmediata una limitante externa que obligue a reducir la inflación. En ausencia del compromiso cambiario, las autoridades podrían sucumbir a la tentación de responder acomodaticiamente a las presiones inflacionarias o también de inflacionar autónomamente la economía para obtener ganancias de empleo; mientras que en un régimen fijo la indisciplina macroeconómica se traduce rápidamente en pérdida de reservas. Si un país tiene una tasa de inflación superior a la de sus socios comerciales, su balanza de pagos se deteriorará, las reservas disminuirán y se impondrá la necesidad de políticas restrictivas. Al ser el nivel de reservas un indicador muy visible e inmediato, la merma de reservas empieza a tener un costo político incluso antes de que tenga que ser efectivamente abandonado el cambio fijo. Cuando la paridad es finalmente abandonada, el impacto inflacionario de la devaluación será castigado por los votantes.

En un contexto de flexibilidad cambiaria y apertura a los movimientos internacionales de capital, sin embargo, son los mercados financieros y cambiarios los que se encargan de

---

[22] El trabajo de Phaup (1974) es pionero en la discusión sistemática del argumento de la "disciplina de reservas".

imponer la disciplina. Una política monetaria expansiva, por ejemplo, dispara flujos de capitales por el estímulo de los diferenciales de tasas de interés. Esta entrada de capitales, aunada a la expansión de la actividad económica, desata un proceso de apreciación de la moneda que erosionará más adelante la competitividad de la economía, acarreará un reverso de las expectativas cambiarias y se traducirá en ataque a las reservas de divisas del país. En ese momento las autoridades se verán sometidas también al efecto disciplinador de las reservas finitas, al igual que en un régimen de cambio fijo, aunque con efecto más indirecto y retardado. Es esta relación más indirecta y retardada la que le da un mayor margen de maniobra la política económica en un contexto de flexibilidad cambiaria, pero, al final, los mercados se encargan de desnudar la finitud de las reservas de divisas.

El argumento de la disciplina de reservas coincide con los primeros enfoques teóricos que se desarrollaron para explicar los ataques especulativos y las crisis de balanza de pagos[23]. La teoría enfatiza que, bajo regímenes de cambio fijo, la tasa de crecimiento de la oferta monetaria no puede exceder la tasa de crecimiento de la demanda nominal de dinero, la cual viene determinada por la tasa de crecimiento de la actividad económica real, más la tasa de inflación externa. Un crecimiento excesivo del crédito doméstico conduce a un exceso de demanda de divisas, el cual desemboca en crisis de balanza de pagos una vez que el umbral razonable de reservas internacionales es perforado. El momento en que haga eclosión la crisis de balanza de pagos dependerá del nivel inicial de reservas, del nivel inicial de deuda pública y de la capacidad de generar ingresos fiscales por la vía del señoreaje. La comunidad financiera externa estará

---

[23] El modelo desarrollado por Krugman (1979) sobre la dinámica de crisis de balanza de pagos ha sido la referencia obligada en la literatura posterior sobre el tema.

más dispuesta a financiar la pérdida de reservas, cuanto más solvente sea percibida la situación financiera del país. Un país es percibido como solvente cuando el valor presente del flujo esperado de servicio de la deuda es igual o mayor que el valor facial de la deuda existente. La fuente de recursos para financiar el flujo esperado del servicio proviene de los futuros superávit primarios esperados del sector público y del futuro ingreso esperado por señoreaje. Por este motivo, existe una estrecha relación entre la política fiscal y la viabilidad de un régimen de cambio fijo[24].

En el fondo, el efecto disciplinador de las reservas finitas descansa en la inconsistencia de un objetivo de cambio fijo con políticas monetarias autónomas en un entorno de relativa movilidad internacional de capital, la denominada "trinidad imposible". Es precisamente por esta causa por la que las tasas de inflación están obligadas a converger más en un sistema monetario internacional basado en cambios fijos que en un sistema de cambios flexibles. Aparte de esta "conformidad forzada", que se manifiesta en una reducción de la *dispersión* de la inflación a escala mundial, los sistemas monetarios internacionales basados en cambios rígidos propician una reducción del *nivel* de la inflación mundial. Ello se debe a la naturaleza del mecanismo de ajuste propio de la rigidez cambiaria, el cual coloca una mayor carga de ajuste en los países con déficit externos que en los países superavitarios. Ello trae como consecuencia que la reducción de la tasa de inflación de los países de alta inflación sea relativamente mayor que el incremento de la tasa de inflación de los países con baja inflación.

El fenómeno conocido como "credibilidad prestada" ilustra este vínculo entre rigidez, disciplina y convergencia de la inflación. Cuando una moneda blanda se ata a una moneda más dura

---

[24] Ver Buiter (1986).

y más estable a través de una paridad fija, o eventualmente a través de una unión monetaria, la moneda blanda toma prestada la reputación de las autoridades de la moneda dura. Lógicamente, la reputación debe ser correspondida con una disciplina macroeconómica similar a la del socio fuerte para que la paridad fija sea sostenible. De esta forma, la credibilidad prestada se traduce en una "disciplina prestada"[25]. La explicación de por qué los países pertenecientes a un área cambiaria-monetaria se someten a tal disciplina, tiene que ver con el incremento del costo del incumplimiento del compromiso de preservar el cambio fijo. La pertenencia a un área cambiaria-monetaria no solo incrementa el costo de la inflación por la vía de la apreciación real de la moneda y de la consiguiente pérdida de competitividad, sino que hace que el público esté más consciente de ese costo para el gobierno, lo cual modera las expectativas de inflación / devaluación por parte de los agentes privados[26].

Sería ingenuo dar por sentado, sin embargo, que la rigidez cambiaria garantiza automáticamente el ejercicio de la disciplina o que la flexibilidad cambiaria no implica costos. La indisciplina macroeconómica también tiene sus costos políticos en un régimen de cambio flexible. En este caso, el costo no se manifiesta en forma de pérdida o agotamiento de reservas, sino de brotes inflacionarios que son eventualmente castigados por el electorado. Incluso, en un régimen flexible el costo de las políticas indisciplinadas puede hacerse evidente en menos tiempo,

---

[25] El argumento de la "disciplina prestada" es esencialmente el mismo que el argumento de la "credibilidad prestada", que suele ser utilizado para explicar las ventajas de una unión monetaria. Ver Giavazzi y Giovannini (1989), Dornbusch y Giovannini (1990) y De Grauwe (2009).

[26] Refiriéndose al caso del sistema monetario europeo, Giavazzi y Pagano (1988) constatan que el mecanismo de tipos de cambio estables entre bandas constituyó una herramienta efectiva para disciplinar a los países más proclives a la inflación, ya que los obligó a adoptar políticas monetarias más restrictivas de lo que aisladamente hubieran deseado.

ya que se manifiesta inmediatamente en movimientos del tipo de cambio. Puesto que las variaciones del tipo de cambio son muy visibles y se transmiten rápidamente a los precios internos, las consecuencias de las políticas indisciplinadas son igualmente visibles. En principio, la autoridad económica se vería en la necesidad de actuar prontamente, si en algo le importa la inflación. En un régimen fijo, por el contrario, la autoridad económica tiene la opción de postergar las medidas antiinflacionarias mientras disponga de reservas suficientes.

Una política fiscal o monetaria imprudente, por lo tanto, tiene costos tanto en un régimen cambiario rígido como en un régimen flexible. La cuestión crucial reside en la función de preferencia de las autoridades en materia de distribución inter-temporal de los costos y en cuán sensibles sean las expectativas inflacionarias a caídas en el nivel de reservas o a movimientos del tipo de cambio. Cuál de los dos tipos de régimen ejerza un mayor efecto disciplinador, dependerá, en primer lugar, del peso que las autoridades le asignen al largo plazo. Si las autoridades son suficientemente "pacientes" y con visión de largo plazo como para que los costos futuros tengan suficiente fuerza de disuasión, entonces la rigidez cambiaria tendrá mayor efecto disciplinador que la flexibilidad. De lo contrario, un régimen flexible pudiera ser más efectivo para disciplinar la gestión fiscal y monetaria[27]. En el fondo, la elección de régimen cambiario implica una decisión sobre la distribución inter-temporal del impuesto de la inflación. Mientras que regímenes de cambio fijo pueden caer en la tentación de trasladar la carga de la inflación hacia el futuro, en un régimen flexible parte de la carga se soporta inmediatamente.

---

[27] Tornell y Velasco (1995) desarrollan un modelo de preferencias intertemporales en el que demuestran que, cuando la autoridad fiscal descuenta el futuro a una tasa mayor que la tasa de interés mundial, la flexibilidad cambiaria induce a mayor disciplina fiscal que la rigidez.

Varios son los factores que determinan esta preferencia intertemporal de las autoridades. Uno de los más importantes será, sin duda, el momento en que se encuentre un país dentro del ciclo político-electoral, el cual puede reforzar o diluir el efecto disciplinador del régimen cambiario, según se encuentre el gobierno al inicio o al fin del período. Un segundo elemento, sin embargo, puede contrarrestar y dar al traste con la tentación de trasladar la inflación al futuro en un régimen fijo: si los agentes económicos son altamente sensibles a variaciones del nivel de reservas internacionales para la formación de sus expectativas inflacionarias, el costo inflacionario se hará presente de forma inmediata, con lo cual el régimen de cambio fijo ejercerá de inmediato su papel disciplinador.

Ciertamente, no se puede excluir tampoco que en la función de preferencia de las autoridades los beneficios de inflacionar la economía excedan los costos de abandonar el régimen cambiario fijo. Nos enfrentamos entonces en este caso al clásico problema de la inconsistencia temporal de políticas, sobre la que trataremos en el capítulo V. Un problema similar puede presentarse en los procesos de ajuste internacional. La hipótesis de que el nivel mundial de inflación se reduce con sistemas monetarios rígidos se basa en la presunción de que las autoridades están más preocupadas por desviaciones inflacionarias que por errores deflacionarios. Sin embargo, esta "asimetría" de preocupaciones es algo que no siempre puede darse como un hecho. Si los gobiernos se inquietan más por las pérdidas de empleo asociadas con la acción deflacionaria, no es realista esperar que los países con déficit externos se sometan a la disciplina de la deflación, en cuyo caso bien pudiera suceder que la carga del ajuste recaiga más sobre los países superavitarios, quienes deberán emprender políticas expansivas (inflacionarias) para restablecer el equilibrio externo.

Quizás por estas razones, la experiencia histórica en esta materia no es unívoca. Las décadas del patrón oro y del sistema de Bretton Woods hablan a favor del efecto disciplinador de la rigidez cambiaria. La carga del ajuste recayó sobre los países deficitarios. Pero el esquema de Bretton Woods no le impidió al país de reserva (Estados Unidos) embarcarse en un curso monetario expansivo en la segunda mitad de la década de los sesenta, lo cual hizo colapsar el sistema mismo. Posteriormente, las perturbaciones a las que estuvo sometida la economía mundial durante la década de los setenta desestabilizaron por igual a los países industrializados con monedas flotantes y a los países europeos con cambio cuasi-fijo entre sí. La década de los ochenta fue luego testigo de una desaceleración por igual de la inflación en ambos grupos de países gracias a la aplicación de políticas monetarias restrictivas, especialmente en los EE.UU. a partir de 1979.

Puede concluirse que, en general, el balance de argumentos teóricos y evidencias empíricas habla mayoritariamente en favor de la tesis del efecto disciplinador de las reservas finitas en un sistema cambiario rígido. Pero ello no es garantía de que, eventualmente, la estructura de preferencias de las autoridades pueda contrarrestar y hasta anular ese efecto disciplinador.

2. ESTABILIZACIÓN CAMBIARIA Y DISCIPLINA FISCAL

Similar problemática se presenta en relación con el nexo entre régimen cambiario y *disciplina fiscal*. El pensamiento convencional postula que los regímenes de cambio fijo conducen a una mayor disciplina fiscal que los regímenes flexibles. Ello se debería a la constatación de que la adopción de prácticas fiscales laxas termina conduciendo a problemas de balanza de pagos y al abandono de la paridad, con el consiguiente costo político e inflacionario.

Empíricamente se ha constatado que déficit fiscales conducen a déficit en la cuenta corriente externa y a la sobrevaluación de la moneda[28]. Inversamente, también se ha comprobado que la estabilización fiscal es prerrequisito para el ajuste de las cuentas externas y la depreciación real de la moneda. De acuerdo con el "enfoque fiscal" de explicación de los determinantes de la balanza de pagos, el déficit fiscal conduce primeramente al déficit externo y posteriormente a la apreciación real de la moneda[29]. Usualmente, los programas de estabilización basados en el tipo de cambio se inician con una fuerte devaluación nominal para reducir y reorientar la demanda agregada. Las devaluaciones nominales, sin embargo, no perduran como devaluaciones reales si no están acompañadas del ajuste fiscal. Ello explicaría la incapacidad de la estabilización cambiaria de producir y, sobre todo, de sostener por sí sola el ajuste económico pretendido.

La interrelación entre política cambiaria y gestión fiscal es especialmente estrecha en el caso de economías en las que el sector público es acreedor neto en el flujo de divisas. Si los ingresos denominados en divisas representan una proporción importante del ingreso fiscal, la adopción de un tipo de cambio fijo impone una severa restricción sobre la expansión del gasto público. Cualquier incremento del gasto tendría que estar sustentado en fuentes internas o en una mejoría de la cuenta externa del sector público. Siendo esta última una fuente poco influenciable en el corto plazo, todo el peso de la expansión fiscal tendría que estar soportado por un esfuerzo sobre-proporcional en la recaudación interna, lo cual tiene límites económicos, sociales y políticos. La restricción fiscal viene dada,

---

[28] Véase la amplia investigación empírica emprendida por Easterly, Rodríguez y Schmidt-Hebbel (1994) bajo los auspicios del Banco Mundial.

[29] Edwards (2006) focaliza esta interrelación entre el tipo de cambio real y gestión fiscal.

en primer lugar, por el impacto inflacionario que se derivaría de un aumento del gasto interno sin el correspondiente incremento de ingresos internos. En economías donde la proporción de ingresos fiscales externos es especialmente alta puede darse el caso de que incluso una gestión fiscal global equilibrada tenga efecto inflacionario. Ello se debe a que el balance de ingresos y gastos internos suele ser estructuralmente deficitario. El diferencial de inflación con los socios comerciales terminaría erosionando la estabilidad del mercado cambiario por la vía de las expectativas negativas que genera la apreciación real. En segundo lugar, el incremento de la absorción doméstica derivado del déficit fiscal originaría un deterioro de la cuenta corriente de la balanza de pagos, que haría insostenible la paridad fija. Y en tercer lugar, el efecto erosivo de la inflación sobre el componente interno del ingreso fiscal "real" conduciría a un agravamiento progresivo del déficit fiscal interno.

Pero la evidencia empírica aquí tampoco es unívoca. Tornell y Velasco (1995 y 2000), que han analizado sistemáticamente el nexo entre régimen cambiario y política fiscal, cuestionan que un ancla cambiaria sea necesariamente más eficiente en la consecución de disciplina fiscal que un ancla monetaria o un objetivo de inflación. La experiencia de los países europeos en materia de convergencia fiscal arroja resultados dispares, donde algunos miembros se embarcaron en prácticas fiscales laxas a pesar de ser miembros del mecanismo cambiario común o de la misma unión monetaria. Cabría preguntarse, sin embargo, si esta indisciplina fiscal no fue la causante de los episodios de turbulencia cambiaria, como el acaecido en el sistema cambiario europeo a fines de 1992 o en la crisis de 2008. También mencionan estos autores el caso de los países del África subsahariana, que conforman la Zona Monetaria del franco francés, cuyo desempeño en materia de disciplina fiscal ha estado por debajo del de sus vecinos con regímenes cambiarios flexibles.

En el ámbito latinoamericano han sido numerosos también los fracasos de programas de estabilización basados en el anclaje cambiario en su propósito de alcanzar el equilibrio fiscal. Casos como los programas de estabilización argentinos de 1979 y 1985, así como el brasileño de 1986, fracasaron precisamente por su indisciplina fiscal. Cuando la estrategia de anclaje cambiario tuvo relativo éxito, como los programas de Chile en 1978, Uruguay en 1979 o México en 1987, fue porque el saneamiento fiscal había sido emprendido previamente al programa de estabilización cambiaria. Únicamente el peculiar caso de Argentina en 1991, con su esquema de Junta Monetaria, muestra un logro simultáneo de estabilización cambiaria y disciplina fiscal. Son, sin embargo, más numerosos los casos de saneamiento fiscal en contextos de programas de estabilización de corte monetario (Chile 1975, Bolivia 1985, Perú 1990), que imponen una restricción más férrea al financiamiento de los déficits fiscales.

Para explicar esta disparidad de experiencias habría que entrar en consideraciones individuales, como la mencionada más arriba sobre las preferencias de las autoridades. Baste apuntar aquí que la no implantación de disciplina fiscal en el contexto de muchos de los programas de estabilización basados en el tipo de cambio no es una prueba de la ausencia de efecto disciplinador de la rigidez cambiaria, sino precisamente una verificación de la estrecha correlación entre ambos fenómenos. Las experiencias mencionadas ratifican más bien el hecho estilizado de que la estabilidad del tipo de cambio no es factible sin un equilibrio fiscal concomitante. Probablemente sea difícil demostrar un nexo de causalidad desde la estabilidad cambiaria hacia la estabilidad fiscal, pero sí parece evidente que si un país quiere estabilizar su moneda respecto de la de sus vecinos debe someterse a la disciplina de la convergencia fiscal con sus socios comerciales.

3. Credibilidad del compromiso como elemento crucial

Podemos afirmar, por consiguiente, que aun cuando la rigidez cambiaria no es un antídoto en contra de la indisciplina fiscal, tal como múltiples experiencias lo han demostrado, no cabe duda de que un tipo de cambio fijo no es sostenible sin una disciplina fiscal similar a la de los socios comerciales. Una vez más, que la rigidez cambiaria se traduzca en disciplina fiscal dependerá del grado de compromiso de las autoridades en defender el tipo de cambio fijo.

Hemos repasado a lo largo de este capítulo los principales argumentos que suelen aducirse para establecer un nexo entre el régimen cambiario y la estabilidad de precios y también hemos pasado revista a un conjunto de estudios histórico-empíricos sobre el tema. A la vista de esta experiencia mezclada, algunos autores se muestran cautelosos a la hora de atribuirle méritos especiales a la sola rigidez cambiaria como mecanismo estimulante de la disciplina inflacionaria[30]. Traen a colación, por ejemplo, la experiencia de Argentina, Chile, Brasil y México durante la década de los ochenta, para demostrar que el compromiso de rigidizar el tipo de cambio en un marco de fracaso de la disciplina o de la credibilidad es una acción muy riesgosa. En presencia de inflexibilidad en los mercados laborales, la inflación doméstica conduce a una apreciación real del tipo de cambio, que termina desembocando en crisis de balanza de pagos. El elemento crucial de un programa de estabilización es la disciplina fiscal. Si esta existe, el compromiso de un tipo de cambio fijo puede ser un complemento útil para señalizar la intención de las autoridades, pero estos autores prefieren conservar un

---

[30] Friedman (1953) y Johnson (1973) fueron pioneros en cuestionar las virtudes estabilizadoras de la rigidez cambiaria. Algunos trabajos posteriores en esta misma línea de escepticismo respecto al efecto disciplinador de la rigidez cambiaria son Corden (1993) y Quirk (1994), por solo mencionar dos de ellos.

cierto grado de flexibilidad cambiaria para enfrentar las perturbaciones externas. En su opinión, más importante que el mismo régimen de cambio sería la voluntad estabilizadora de las autoridades y la credibilidad de la que gocen. Por una parte, las diferencias de inflación entre los países encontrarían su explicación principalmente en el grado de acomodación monetaria frente a perturbaciones negativas, el cual, a su vez, es función de las preferencias de las autoridades en el conflicto entre inflación y desempleo. Por otra parte, el descenso general de la inflación desde mediados de los ochenta reflejaría un cambio de la función de preferencias de los países desarrollados y, con cierto retraso, de las economías emergentes en favor de la estabilidad de precios.

La existencia o no de credibilidad sería la cuestión verdaderamente importante para la estabilidad, más que el régimen cambiario como tal. Hay quienes piensan que si la reputación antiinflacionaria de las autoridades es alta, cualquier régimen cambiario serviría para el propósito de la estabilidad, mientras que si esa reputación es baja, la defensa de un tipo de cambio solo agravaría la inestabilidad macroeconómica debido a la combinación de inflación interna y pérdida de competitividad externa[31]. Son numerosas las experiencias negativas de países que han sido forzados a abandonar los tipos de cambio fijos, con la inevitable secuela de inestabilidad económica. Este argumento, sin embargo, pudiera ser igualmente utilizado para reforzar la hipótesis del efecto disciplinador de la rigidez, ya que evidencia el nexo entre disciplina financiera y viabilidad de tipos de cambio fijos. En el fondo, estas objeciones simplemente reflejan diferencias respecto de la cuestión de cuál es la causa y cuál el efecto. Esta es una cuestión intrincada desde el punto de vista teórico y ambigua desde el punto de vista empírico, que no

---

[31] Véanse, por ejemplo, Quirk (1994) y Aghevli, Khan y Montiel (1991).

pretendemos responder en este trabajo. Baste con resaltar aquí que existe una correlación positiva entre disciplina financiera, rigidez cambiaria y estabilidad de precios, independientemente de las relaciones de causalidad entre esos elementos.

A modo de hipótesis general podemos plantear que suficientes razones teóricas y prácticas fundamentan la presunción de que la disciplina antiinflacionaria es más proclive a aparecer en economías con tipo de cambio fijo que en economías donde el tipo de cambio fluctúa. Tipos de cambio flexibles permiten "acomodar" más fácilmente las presiones inflacionarias sin hacer peligrar el acervo de reservas. Ahora bien, el régimen cambiario elegido debe ser, en primer lugar, *consistente* con las decisiones sobre distribución inter-temporal de costos y con las preferencias políticas del gobierno en materia de inflación y de empleo. Un régimen de cambio fijo sirve fundamentalmente para "señalizar" la voluntad disciplinaria de la autoridad económica, ya que la defensa de la paridad le obligará a subordinar la política monetaria y fiscal al objetivo cambiario. En segundo lugar, el compromiso de defensa de una paridad fija debe ser hecho *creíble*, ya sea mediante adquisición de reputación o mediante un marco institucional adecuado.

IV

MOTIVOS DE LA INFLACIÓN

Para avanzar en la indagación del efecto de la credibilidad sobre las variables nominales de la economía necesitamos ahondar más en la comprensión del fenómeno de la inflación. Nos parece inadecuada, por incompleta, la visión de la inflación como un mero resultado de desequilibrios entre oferta y demanda de la economía real o del abuso de posiciones de mercado por parte de "especuladores". Estos fenómenos pueden ciertamente estar presentes, pero las presiones hacia el alza de los precios no pudieran llegar a concretarse, si no existe un aumento de la masa monetaria que valide tales alzas. No hay inflación sin un gobierno que la valide por la vía monetaria. Tampoco hay inflación si ésta no está imbricada en las expectativas de los agentes económicos que modelan su comportamiento.

Acorde con la visión de la inflación como un fenómeno eminentemente monetario y expectativo, se abordarán los tres elementos que en mayor o menor grado están presentes en casi todos los episodios inflacionarios: financiamiento monetario del déficit (íntimamente ligado al fenómeno del señoreaje), inercia inflacionaria e inconsistencia temporal de las políticas. Los dos primeros serán tratados en el presente capítulo, mientras que el problema de la inconsistencia temporal de las políticas se desarrollará en el siguiente capítulo.

El objetivo aquí es aportar los elementos teóricos que permitan desarrollar un modelo explicativo del origen de la inflación. Iniciaremos el análisis con la enumeración de los motivos por los que un gobierno puede desear inflacionar la economía, entre los que destaca la obtención del impuesto del "señoreaje", en países con sistemas de recaudación fiscal poco desarrollados, o la reducción del desempleo, en países más desarrollados. Es el señoreaje un mecanismo muy eficiente de financiamiento monetario del déficit fiscal y fuente principal de la inflación. Analizaremos seguidamente la dinámica que conduce a la aparición del fenómeno de la hiperinflación. Finalmente, destacaremos el papel de las expectativas en la inercia inflacionaria y de los costos reales de detener la inflación.

1. Ciclos de negocio, inflación anticipada y neutralidad del dinero

A pesar de ser un tema central en la teoría económica, existe todavía considerable controversia en la literatura acerca de los factores que generan la inflación, así como sobre los mecanismos que transmiten esos impulsos para convertirlos en fluctuaciones de los precios y del producto[32]. Absolutamente crucial para entender la relación entre el dinero, los precios y el ciclo económico es el grado de anticipación de la inflación. Una breve referencia a las principales líneas de pensamiento sobre este asunto –la keynesiana, la neoclásica y las expectativas racionales– nos ayudará a enmarcar conceptualmente nuestro modelo explicativo de las causas y efectos de la inflación.

Como elemento común, los diferentes enfoques intentan explicar la inflación y los ciclos de negocios como un fenómeno integrado. Las variaciones de precios se asocian con fluctua-

---

[32] Para una sucinta revisión de la literatura, véase Parkin (1992).

ciones del producto y estas, a su vez, con perturbaciones a las que se ve sometida la economía. En la tradición *keynesiana*, las perturbaciones provienen fundamentalmente del lado de la demanda agregada. Típicas perturbaciones son, por ejemplo, fluctuaciones autónomas de la demanda de inversión o variaciones autónomas de la oferta monetaria. Este último impulso es considerado como la variable clave que desata los movimientos cíclicos de la economía. Las perturbaciones se traducen en primera instancia en fluctuaciones cíclicas del producto, para luego trasladarse a variaciones de los precios. La correlación entre variaciones del producto y variaciones de los precios es positiva. El supuesto central de esta secuencia de transmisión es la insuficiente flexibilidad de precios y salarios en el corto plazo. Este aspecto de la inflexibilidad ha sido especialmente recalcado por el pensamiento neokeynesiano, el cual destaca la existencia de rigideces contractuales de largo plazo en los mercados laborales. Además de las perturbaciones por el lado de la demanda, la economía puede verse sometida también a perturbaciones por el lado de la oferta, como sería, por ejemplo, un alza del nivel salarial por efecto de una situación de descontento social. El desenlace típico en estos casos suele ser una estanflación, donde un mismo nivel de producto se asocia con una elevación del nivel de precios.

En la tradición *neoclásica*, las fluctuaciones de la oferta monetaria son la variable explicativa clave. La correlación entre los movimientos del producto y de los precios es igualmente positiva, aun cuando, a diferencia de la tradición keynesiana, la dirección de causalidad corre desde las variaciones de los precios hacia variaciones del producto. La argumentación en este caso es de carácter microeconómico. Los agentes económicos no son capaces de distinguir entre variaciones relativas y variaciones absolutas del nivel de precios. Por este motivo reaccionan ante variaciones absolutas como si fueran variaciones relativas y modifican su nivel de actividad real en concordancia. Un aumento general del nivel de precios, por ejemplo, es interpretado como una mejoría de la posición relativa del productor individual e induce el incremento de actividad.

En el enfoque de las *expectativas racionales*, la atención se centra en la dinámica del proceso de toma de decisiones de política económica, en el cual el gobierno y los agentes privados interactúan en un juego de engaños, expectativas y compromisos, que conduce a diferentes tasas de creación de dinero[33]. Se supone que, al menos en el corto plazo, existe una correlación positiva entre movimientos de precios y movimientos del producto (empleo). La tasa de inflación de equilibrio es aquella que anula el posible incentivo de las autoridades económicas para continuar explotando el trueque entre inflación y desempleo en el corto plazo, igualando el costo de la inflación adicional con el beneficio del incremento del empleo. Tal nivel de inflación de equilibrio es superior en un escenario de discrecionalidad de la política económica que en un escenario de reglas o compromisos, ya que este último incrementa la credibilidad de los anuncios de política. En la medida en que las autoridades tengan más credibilidad, la sociedad puede disfrutar del mismo nivel de bienestar con una menor inflación. Volveremos más adelante en detalle sobre este tercer enfoque.

Las consideraciones anteriores sobre la relación entre cambios en los niveles de precios y en los niveles de producto tienen validez en el supuesto de que la inflación no sea perfectamente anticipada por parte de los agentes económicos. Pero los efectos reales y nominales de la inflación dependen decisiva-

---

[33] Las primeras indagaciones en esta línea de las expectativas racionales fueron realizadas por Muth (1961) y Lucas (1972, 1973). Posteriormente, Kydland y Prescott (1977), Barro y Gordon (1983) y Rogoff (1985) aplican el enfoque a la dinámica en la que se desenvuelve la política macroeconómica. En esta misma línea de pensamiento se ubica el enfoque "principal-agente" de Walsh (1995).

mente de su grado de anticipación. Hay consenso amplio en la literatura acerca de que variaciones anticipadas de la cantidad de dinero, sobre todo cuando estas son de una sola vez, tienen un efecto directamente proporcional sobre las variables nominales, sin efectos reales de corto o de largo plazo. En este sentido, el dinero es "neutral". Donde existe más controversia es acerca de los efectos reales de variaciones anticipadas de la *tasa de crecimiento* del dinero y, consecuentemente, de las variaciones anticipadas de la tasa de inflación.

Para el caso de inflación anticipada y dependiendo del supuesto que se adopte respecto de la relación entre dinero y capital, las conclusiones sobre la relación dinero-precios-producto pueden ser contrapuestas. Si se supone que dinero y capital son sustitutos, tal como está implícito en lo que se ha denominado el "efecto Mundell-Tobin"[34], una tasa de inflación anticipada mayor tendría un efecto expansivo sobre el nivel del producto. La cadena de causación parte del hecho de que una mayor inflación anticipada incrementa el costo de oportunidad de mantener saldos monetarios reales, razón por la cual se produce una recomposición del portafolio patrimonial a favor de más capital físico y menos dinero. Esta recomposición eleva la relación capital-trabajo y conduce a una mayor generación de producto. Ahora bien, si dinero y capital son *complementos*, una tasa de inflación anticipada mayor conduciría a una contracción del nivel del producto. El mayor costo de oportunidad de mantener saldos monetarios reales implica un incremento en los costos de las transacciones, el cual tiene el doble efecto de reducir tanto el nivel de transacciones como el de la inversión (equivalente a una disminución de la relación capital-trabajo), con lo cual la actividad económica se contrae.

---

[34]   Ver Mundell (1965) y Tobin (1965).

La evidencia empírica pareciera no sustentar la hipótesis de Mundell y Tobin[35]. Más soporte teórico y empírico ha recibido la hipótesis de la neutralidad del dinero, incluso aplicada al caso de variaciones de la tasa de creación de dinero. La versión más conocida de esta hipótesis es la desarrollada por Friedman (1968) y Phelps (1968) con respecto a la curva de Phillips, que grafica la relación supuestamente inversa entre inflación y desempleo[36]. Ambos autores sostienen que existe un nivel natural de desempleo y, por ende, de producto, que no puede ser permanentemente afectado por variaciones de la tasa de inflación. Cualquier trueque entre inflación y desempleo no pasará de ser temporal, ya que solo será posible por una no-anticipación de la inflación. Una vez que los agentes económicos avanzan en la curva de aprendizaje sobre el comportamiento inflacionario del gobierno, el trueque desaparece y la curva de Phillips se torna vertical. Esto sucede cuando el sector laboral deja de tener "ilusión monetaria" y es capaz de negociar mayores salarios en anticipación de una mayor inflación esperada.

2. FUENTES Y MOTIVOS DE LA INFLACIÓN

En cuanto a las *fuentes* que dan origen a la inflación, la teoría se debate entre una visión "monetaria-fiscal" y un enfoque de "balanza de pagos"[37]. Sin embargo, hay suficiente consenso en la teoría económica como para afirmar que la creación de dinero por encima del crecimiento real de la economía con fines de

---

[35] Ver, al respecto, Kormendi y Meguirre (1985).

[36] Ver también Debelle y Laxton (1996), que indagan sobre la linearidad o no-linearidad de la curva de Phillips.

[37] Montiel (1989) discute ambos enfoques teóricos y analiza en qué medida explican lo sucedido en episodios de alta inflación en Argentina, Brasil e Israel. Ver también Dornbusch, Sturzenegger y Wolf (1990) y Kamas (1995) sobre los diferentes enfoques analíticos y otros estudios de caso.

financiamiento fiscal es la principal fuente del crecimiento de precios, aunque no la única. La expresión más radical de esta relación la constituye la teoría cuantitativa del dinero, que postula una relación directamente proporcional entre variaciones de la oferta de dinero y del nivel de precios, *ceteris paribus*. Esta relación causal, sin embargo, no siempre es observable, especialmente en el caso de economías con relativamente baja inflación, donde se presentan con frecuencia episodios de moderada expansión monetaria sin que se materialice la inflación postulada por el axioma cuantitativo. Cambios en la función de demanda del dinero o en el proceso de creación secundaria de dinero bancario pueden diluir o contrarrestar los nexos causales. Pero en la medida en que la inflación se ubica en niveles más altos y el período de observación es más largo, el nexo entre creación de dinero y alzas de precios se torna más visible.

Desde el punto de vista de las políticas de estabilización, más relevante que la sola constatación del nexo dinero-precios es el tema de los *motivos* que pueden originar la expansión de dinero por encima del nivel cónsono con la estabilidad de los precios. En esta materia, la mayoría de los autores coinciden en relacionar los excesos monetarios con problemas de financiamiento del déficit fiscal. Además del problema del financiamiento monetario del déficit, el gasto público como tal también tiene impacto sobre el nivel de precios a través de su efecto sobre la demanda agregada. De estos dos impactos, es sin duda el primero el que más pesa en el fenómeno inflacionario, razón por la cual centraremos en él nuestra atención. Los gobiernos tienen fundamentalmente tres vías para financiar sus gastos: recaudar impuestos, endeudarse o crear dinero. En ocasiones, los impuestos o el endeudamiento se topan con límites o rigideces, que obligan al gobierno a recurrir a la creación de dinero a través del *financiamiento monetario*. Cuando esto sucede, el gobierno está haciendo uso del impuesto más simple de recaudar, como es el "señoreaje".

Merece la pena mencionar en este contexto el caso especial de economías exportadoras primarias, en las que el sector público es ampliamente superavitario en su cuenta de divisas y, consecuentemente, buena parte de los ingresos fiscales son de origen externo. En estos casos es necesario hacer una clara distinción entre el saldo global de la gestión fiscal y el saldo fiscal interno (ingreso de origen interno menos gasto interno). Aunque las cuentas fiscales estén globalmente en equilibrio y no haya necesidad de financiar monetariamente ningún déficit, la porción del gasto que es soportada por el componente externo del ingreso fiscal implicará una monetización, aun cuando tenga como respaldo divisas internacionales. Por definición, el déficit interno es financiado monetariamente a través de la monetización de las divisas que las empresas públicas exportadoras le venden al banco central para obtener la moneda doméstica necesaria para atender su contribución fiscal. En la medida en que el déficit fiscal interno exceda el nivel cónsono con la estabilidad de precios, la monetización del ingreso fiscal interno alimentará el proceso inflacionario.

En este tipo de economías, al igual que en economías subdesarrolladas altamente inestables, es frecuente observar el fenómeno del círculo vicioso de "devaluación-inflación", al que hacíamos referencia en el capítulo II. Esta visión se corresponde más con el enfoque de balanza de pagos, según el cual en el origen de los episodios de alta inflación se suelen encontrar crisis de balanza de pagos, ataques especulativos, devaluaciones y colapsos monetarios, dado que las autoridades monetarias acostumbran a reaccionar de forma acomodaticia frente a las perturbaciones externas o cambiarias, lo cual explica la aparición del círculo vicioso. El impacto inflacionario de la devaluación actúa a través del incremento de las expectativas inflacionarias o a través de la indexación salarial. Según este mismo enfoque, el dinero responde pasiva o endógenamente a la crisis de balanza de pagos. Especialmente cuando en la economía en cuestión el sector público es acreedor neto en divisas, la devaluación desemboca en expansión monetaria por la vía de la monetización de las divisas y del posterior gasto fiscal.

Tanto el enfoque monetario-fiscal como el de balanza de pagos están muy interrelacionados en la vida real de países con alta inflación[38]. La no disponibilidad de financiamiento externo para servir la deuda induce a los gobiernos a crear dinero en vez de acudir al mercado financiero internacional. El ajuste requiere del mejoramiento de la balanza de pagos comercial, el cual es obtenido mediante devaluación. La depreciación de la moneda incrementa la inflación, tanto por la vía directa del encarecimiento de los bienes transables, como por la vía del empeoramiento de las cuentas fiscales por efecto del incremento del servicio de la deuda, lo cual desemboca en mayor creación de dinero. El tipo de régimen cambiario juega un papel importante en determinar cuál de las dos fuentes predomina en cada caso. Regímenes de cambio flexible son más proclives al uso del financiamiento monetario-inflacionario, mientras que en regímenes de cambio fijo el impulso inflacionario proviene predominantemente de la crisis de balanza de pagos.

Un segundo motivo de creación de dinero, no necesariamente desligado del financiamiento del déficit, pero más en la línea del activismo keynesiano, puede consistir en el intento de atenuar el *desempleo* mediante la expansión del circulante. Mientras exista una cierta dosis de ilusión monetaria en los agentes económicos, los gobiernos siempre tienen a la mano el cómodo expediente de inflacionar la economía por encima de las

---

[38] Cardoso (1992) sostiene que en los casos de Brasil y México tanto el enfoque monetario fiscal como el de la balanza de pagos tienen valor explicativo dependiendo del momento en que se encuentre la dinámica (hiper)inflacionaria.

expectativas de los agentes y obtener beneficios reales de empleo. La existencia de esta tentación es lo que da origen al problema de la inconsistencia temporal de las políticas económicas, al que no referiremos más adelante. La forma como el problema de la inconsistencia temporal afecta la inflación es a través de la erosión de la credibilidad en el compromiso estabilizador de las autoridades. De ahí que se le atribuya a la falta de credibilidad una responsabilidad central en el origen de la inflación.

Detrás del concepto de credibilidad se revive la ya clásica discusión de reglas versus discrecionalidad en la política monetaria. Se afirma que entornos donde la autoridad económica actúa discrecionalmente son más propensos a comportamientos inflacionarios, mientras que la existencia de reglas aumenta la credibilidad en la voluntad de ejecución de políticas de desinflación, lo cual es un ingrediente esencial para el éxito de un programa de estabilización. Es bueno advertir, sin embargo, que la ausencia de credibilidad no es una causa per se de la inflación, como podría serlo un déficit fiscal o un desequilibrio en la balanza de pagos, sino un entorno "amplificador" de perturbaciones provenientes del campo fiscal y monetario. La credibilidad no es más que una medida de cómo perciben los agentes económicos la firmeza del esfuerzo estabilizador de la autoridad económica. Son propiamente las políticas inflacionarias o deflacionarias en sí, las que determinan la estabilidad de precios. Y a nivel del proceso mismo por el que transcurre la inflación, son la dinámica de las expectativas y problemas como el de la inconsistencia temporal de las políticas los que juegan un papel central, tal como veremos más adelante en detalle.

3. SEÑOREAJE Y FINANCIAMIENTO FISCAL

Entrando ya de lleno en la explicación del origen de la inflación, iniciaremos nuestro análisis con lo que parece haber sido históricamente la médula del fenómeno inflacionario: el "señoreaje" derivado de la creación de dinero fiduciario, sobre todo en los episodios de inflación moderada y alta. Entendemos aquí por "señoreaje" el impuesto que representa el exceso del valor facial de una moneda o billete por sobre su costo de producción o de emisión. El término "señoreaje" proviene de los orígenes de la acuñación de moneda. Cuando el "señor" estaba en capacidad de ejercer control sobre la actividad económica de los súbditos, exigía un cargo o tributo por el privilegio de acuñar metales, tributo representado por esa diferencia entre el valor facial de la moneda y el costo de acuñación. Si el valor material del metal más el costo de acuñación se acercaban al valor facial, el señoreaje representaba un porcentaje menor de la creación de dinero.

En la medida en que se fue consolidando el poder político de los soberanos y, sobre todo, con la aparición concomitante del dinero "fiduciario", el señoreaje pasó a representar una porción significativa del ingreso del gobierno. La autoridad emisora se apropia de esa diferencia, que pasa a formar parte integral del financiamiento del gasto público. Puede constatarse empíricamente que la creación de dinero suele representar una proporción significativa del ingreso público, especialmente en economías de inflación moderada y alta. Tal como puede observarse en el cuadro VII.1, el señoreaje suele constituir una nada despreciable fuente de ingreso público, que oscila típicamente entre un 2 y un 6 por ciento del ingreso gubernamental en el caso de países de baja inflación, alrededor del 15 por ciento en países de inflación moderada y entre un 20 y un 50 por ciento en países de alta inflación[39].

CUADRO IV.1
Señoreaje, impuestos e inflación (porcentajes)

	Período	Inflación promedio	% del ingreso fiscal[(2)]	% del PIB[(1)]
Chile	1960-1977	88,9	18,3	5,5
Argentina	1960-1975	57,2	45,9	6,2
Uruguay	1960-1978	51,7	28,4	4,8
Italia	1973-1978	16,4	16,0	3,9
Reino Unido	1973-1978	16,1	2,8	1,0
Grecia	1973-1978	15,5	13,5	3,0
Irlanda	1973-1978	15,3	7,9	2,7
Colombia	1960-1978	15,0	16,7	1,8
Japón	1973-1978	11,3	12,9	1,2
Francia	1973-1978	10,7	1,0	0,3
Canadá	1973-1978	9,2	3,4	0,7
Estados Unidos	1973-1978	8,0	2,7	0,5
Alemania	1973-1978	4,7	6,3	0,7

(1) Promedio de la variación del dinero primario (señoreaje) como porcentaje del PIB.
(2) Porcentaje del señoreaje dentro del ingreso fiscal (incluyendo el señoreaje).
Fuente: Fischer (1982).

Tomamos cifras de dos décadas del pasado típicamente inflacionarias (1960-1980) para hacer más evidente el nexo entre las variables. Los datos del cuadro indican una correlación

---

[39] Dornbusch y Fischer (1993) definen "inflación moderada" como un crecimiento persistente de precios en el rango entre 15 y 30 por ciento anual. Si asumimos la definición de Cagan (1956 y 1992) de "hiperinflación" como alzas de precios superiores al 500 por ciento anual, una "inflación alta" se ubicaría en el rango intermedio entre la moderada y la hiperinflación. No es posible, sin embargo, ni tendría mucho sentido definir umbrales cuantitativos exactos para tipificar las inflaciones. Dependiendo de la historia previa y del efecto sobre el comportamiento de los agentes económicos, una misma tasa de inflación puede ser alta o moderada.

positiva entre la importancia relativa del señoreaje y el nivel de inflación, especialmente en los rangos moderados y altos de inflación. Menos unívoca, sin embargo, es la relación entre señoreaje e inflación en el grupo de países de baja inflación. Baste comparar los casos de Japón y Francia, donde diferentes intensidades de señoreaje se asocian con el mismo nivel de inflación.

Quizás debido a la correlación claramente positiva en los rangos superiores de inflación, es frecuente asociar el fenómeno del señoreaje con el concepto del "impuesto inflacionario"[40]. La asociación se deriva del hecho empírico de que el uso intensivo de la creación de dinero como fuente de ingreso fiscal suele desembocar en procesos inflacionarios. No es correcto, sin embargo, confundir ambos términos, ya que la presencia del impuesto del señoreaje no implica necesariamente alzas de precios. Para explicar la diferencia de conceptos, definamos impuesto *inflacionario* como la pérdida patrimonial sufrida por los tenedores de dinero como resultado de la inflación, mientras que *señoreaje* es el ingreso obtenido por el gobierno como resultado del monopolio de emitir dinero, equivalente al poder adquisitivo del dinero puesto en circulación menos su costo de emisión. Como veremos más adelante, solamente cuando no haya crecimiento real de las transacciones y el público desee mantener saldos reales constantes de dinero, definidos estos como la relación entre la demanda nominal de dinero y el nivel de precios, el impuesto inflacionario y el señoreaje son iguales en monto. Este es un caso poco frecuente en contextos de alzas de precios. Pero cuando la creación monetaria responde a un incremento de las necesidades de dinero derivadas del crecimiento de las transacciones reales o de un aumento de la demanda real de dinero por

---

[40] La correlación es menos positiva en los rangos bajos de inflación y, curiosamente, en los rangos muy altos. Ver Click (1998)

cualquier otro motivo, el gobierno se beneficia del ingreso del señoreaje sin generar presiones inflacionarias. Solamente cuando el incremento autónomo de la oferta de dinero excede el crecimiento real de la economía o el nivel deseado de tenencia de saldos monetarios por parte de los agentes económicos, puede hablarse de impuesto inflacionario. Hasta cierto monto, el señoreaje es simplemente impuesto y solo después puede calificarse de inflacionario.

El término "impuesto inflacionario" tiene usualmente carga negativa en la discusión económica. Sin embargo, la existencia de impuestos en forma de señoreaje, incluso si estos generan una cierta inflación, no debe ser considerada siempre nociva para la economía. En circunstancias normales, esta ha sido históricamente una fuente de ingresos de alta eficiencia y bajo costo, tal como lo destaca el estudio de Fischer (1982). En circunstancias extraordinarias, tal como Keynes anotaba en su *Tratado sobre reforma monetaria*, "un gobierno puede subsistir con este recurso cuando no dispone de ningún otro"[41]. Por otra parte, en el caso del dinero fiduciario, a diferencia del dinero-mercancía, el señoreaje permite un ahorro sustancial en el uso de recursos que de otra forma tendrían que ser dedicados a la extracción, procesamiento y atesoramiento de grandes cantidades de metal precioso. Ni siquiera cuando el impuesto del señoreaje pasa a convertirse en factor inflacionario es necesariamente nocivo, pues tal como se verá más adelante, este impuesto debe ser evaluado en el contexto de las fuentes alternativas de financiamiento del Estado. Todo impuesto tiene un costo para la sociedad e introduce algún tipo de distorsión en el proceso de asignación de recursos. La cuestión central es determinar cuál es el nivel de inflación a partir del cual el costo del impuesto del señoreaje supera el costo de otras fuentes de ingreso fiscal.

---

[41] "*...a government can live by this means when it can live by no other*" (Keynes, 1923).

Para responder esta cuestión elaboraremos un sencillo modelo formal[42]. Suponiendo que el costo de emisión física de dinero es cero, el ingreso proveniente de la creación de dinero se compone de la suma del impuesto propiamente inflacionario y del incremento en el uso del dinero derivado del crecimiento de la economía:

$$(1) \qquad S = \Delta M / P = \pi\, m + (n + a\, q)\, m$$

donde S es el ingreso por señoreaje, ΔM es el incremento del dinero primario (dinero de alta potencia), P el índice de precios, π la tasa de inflación, m el saldo monetario real per cápita, n la tasa de crecimiento de la población, a la elasticidad ingreso de la demanda real de dinero, y q el crecimiento de ingreso real per cápita. Dada una tenencia real de dinero deseada, m, el primer término de la ecuación, πm, representa el ingreso monetario proveniente de la inflación. El segundo término de la ecuación expresa el ingreso monetario inducido por el crecimiento real. Este se compone del crecimiento de la población más el crecimiento del ingreso real per cápita, ajustado por la elasticidad de la demanda real de dinero ante los cambios del ingreso.

La demanda real de dinero, m, a su vez, depende inversamente de la inflación esperada, π^e, y de la tasa real de interés, r:

$$(2) \qquad m = -b\, (\pi^e + r)$$

donde b es el coeficiente que refleja la sensibilidad de la demanda de dinero frente a la inflación esperada y la tasa real de interés. A mayor nivel de inflación esperada, menor será la

---

[42] Las siguientes consideraciones formales se basan en la reelaboración realizada por Friedman (1971) de los planteamientos de Cagan (1956) y Bailey (1956) acerca del impuesto inflacionario óptimo. El análisis se apoya también en Black (1992) y Dornbusch y Fischer (1993).

demanda de saldos monetarios reales. Igualmente inversa es la relación con la tasa de interés.

Volviendo sobre la ecuación (1), puede observarse que existe una compensación o contraefecto entre el primer y el segundo término en la medida en que se incrementa la inflación, puesto que el proceso inflacionario reduce la demanda real de dinero, que es la base sobre la que se recaudan tanto el impuesto inflacionario, como el señoreaje derivado del crecimiento real de la economía. En estadios moderados de inflación, un incremento de la tasa de inflación puede incrementar el señoreaje total, ya que el aumento de ingreso monetario derivado del impuesto inflacionario puede superar el efecto contrario que se deriva de la disminución de la demanda real de dinero causada por la inflación todavía moderada. En estadios avanzados de inflación, sin embargo, la reducción de la demanda real de dinero se acelera y se hacen necesarias tasas de inflación cada vez más altas para generar el mismo monto de señoreaje, hasta que, finalmente, el proceso entra en el círculo perverso de mayor inflación y menor señoreaje por efecto de la desmonetización real de la economía (denominado efecto de "curva de Laffer").

Sustituyendo (2) en (1), la tasa de inflación que maximiza el señoreaje, π^*, vendría dada por la ecuación:

$$(3) \qquad \pi^* = 1/\, b - (n + aq)$$

Desde un punto de vista de optimización de la función social de beneficio, esta tasa que maximiza el señoreaje no tiene por qué coincidir con la tasa de inflación socialmente óptima. Esta última se alcanza en el punto en el que el costo social marginal de recaudar una unidad adicional de impuesto por la vía de la inflación iguala el costo social marginal de hacer uso de fuentes alternativas de ingreso fiscal. La tasa de inflación óptima desde el punto de vista impositivo, π^{**}, se define por la relación:

(4) $\pi^{**} = \mu / (1 + \mu)\, b$

donde $(1 + \mu)$ representa el costo social marginal de recaudar otros impuestos de carácter tributario. Comparando (3) y (4) se constata que la tasa de inflación óptima es inferior a la tasa de inflación que maximiza el señoreaje.

Simplificando para fines de representación gráfica hacemos abstracción del crecimiento económico real ($n = 0$ y $q = 0$) y suponemos que la tasa de interés real es constante e igual a cero ($r = 0$). Dado que en equilibrio la tasa de inflación observada es igual a la esperada ($\pi = \pi^e$) y que la tasa de inflación π es igual a la tasa de creación de dinero h ($\pi = h$), las ecuaciones (1) y (2) se transforman en:

(1a) $S = \Delta M / P = \pi\, m = h\, m = h\left[-b\left(\pi + r\right)\right] = h\left(-b\pi\right)$

GRÁFICO IV.1
Señoreaje y tasa óptima de inflación

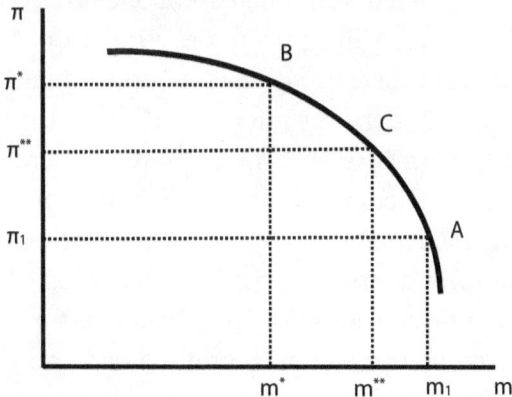

113

Esta relación funcional entre la tasa de inflación y la demanda real de dinero asume gráficamente la forma de una curva de pendiente negativa y convexa hacia el origen (ver gráfico IV.1). En niveles bajos de inflación, la repercusión de un incremento de la tasa de inflación sobre la reducción de la demanda real de dinero es pequeña. En cambio, en niveles altos de inflación un leve incremento de esta conduce a caídas abruptas de la demanda de dinero. El monto del señoreaje viene dado en cada caso por el rectángulo π x m. Al inflacionar la economía desde el punto A al punto C, la ganancia en señoreaje por efecto del incremento de π es el rectángulo $m^{**} \cdot (\pi^{**} - \pi_1)$, mientras que la pérdida del señoreaje por efecto de la reducción de la demanda real de dinero está representada por el rectángulo $(m_1 - m^{**}) \cdot \pi_1$. En el proceso de incremento del señoreaje por la vía inflacionaria se produce una pérdida de bienestar ("peso muerto"), representada por el triángulo bajo la curva de demanda a la derecha de la vertical m^{**} y sobre la horizontal π_1.

Es posible conducir la economía a una tasa de inflación π^* y a una demanda real de dinero m^* (punto B), en las que el ingreso por señoreaje se maximice. Moverse a la izquierda de B implicaría perder por reducción de base monetaria real más señoreaje del que se gana por incremento de la inflación. Sin embargo, de acuerdo con la ecuación (4), la tasa óptima de inflación a efectos impositivos, π^{**}, debe ser inferior a π^*. El óptimo se encontraría en el punto C (π^{**}, m^{**}). En este punto, la pérdida marginal de bienestar de inflacionar la economía, dada por el triángulo bajo la curva de demanda de dinero a la derecha de m^{**} y por encima del nivel previo de inflación ($\pi^{**} - d\pi$), es igual al costo marginal de bienestar de aplicar otros tipos de impuesto.

Tal como veremos en más profundidad en los siguientes dos capítulos, las autoridades se ven siempre enfrentadas a la decisión de elegir el nivel de señoreaje que más se adecúe a su función de preferencias. Un gobierno puede optar por renunciar totalmente al uso del señoreaje para financiar sus gastos o puede también reservarse el derecho de fijar discrecionalmente el nivel deseado de financiamiento inflacionario del déficit fiscal. Cada una de estas opciones implica una regla o régimen monetario determinado. Asimismo, cada opción de régimen cambiario lleva implícita una decisión o compromiso respecto del uso del señoreaje. Un esquema cambiario rígido, como podría ser una junta monetaria, supone el compromiso de no usar el señoreaje como fuente de financiamiento. Un régimen cambiario flexible deja abierta la puerta al uso discrecional del señoreaje. Mientras que una unión monetaria no permite el uso del señoreaje por miembros individuales, la libre flotación cambiaria otorga a las autoridades completa flexibilidad en su elección del nivel de inflación. Un régimen "fijo ajustable" es una mezcla de ambos tipos de compromiso[43].

4. DINÁMICA DE LA HIPERINFLACIÓN

En la ecuación (1) y en el gráfico IV.1 están ya contenidos los elementos estilizados que explican el fenómeno de la hiperinflación. Ante la dificultad de movilizar fuentes no monetarias de financiamiento fiscal, los gobiernos tienden a abusar del financiamiento monetario, sobre todo en la fase de transición desde el estadio de inflación moderada hacia el de alta inflación. Como resultado de la expansión monetaria, la inflación erosiona el valor real de los saldos monetarios. En las primeras fases del proceso, la demanda nominal de dinero también se expande para compensar la caída en los saldos reales. Sin embargo, en algún momento el público decide abandonar el

---

[43] De Kock y Grilli (1993) comparan los diferentes regímenes cambiarios desde este punto de vista de su compromiso respecto al uso futuro del impuesto inflacionario.

dinero doméstico –es decir, repudiar su moneda– y pasarse a otros activos que le protejan de la inflación. De esta forma, los saldos reales comienzan a disminuir y la tasa de inflación debe acelerarse progresivamente para compensar la pérdida de ingreso por señoreaje. Cada vez mayores tasas de inflación son necesarias para financiar un mismo nivel de déficit fiscal.

Dornbusch (1988) reconoce que, usualmente, el financiamiento del déficit fiscal se encuentra en el origen de las inflaciones altas, pero llama también la atención sobre la importancia de otros factores, como la estructura financiera y el estado de la economía, para entender la dinámica hiperinflacionaria. Este autor postula la siguiente relación de largo plazo entre la tasa de inflación (π) y el financiamiento monetario del déficit fiscal.

$$(5) \qquad \pi = (\rho\, g - y) / (1 - \chi\, g) \qquad \text{donde } \chi\, g < 1$$

donde g es el déficit fiscal en relación con el PIB, ρ el nivel no inflacionario de velocidad de circulación del dinero, y la tasa de crecimiento real del producto y χ la sensibilidad de respuesta de la velocidad de circulación del dinero a la tasa de inflación.

La ecuación (5) muestra que la tasa de inflación depende de la dinámica de crecimiento de la economía, del nivel de partida del déficit fiscal y de las características estructurales del mercado monetario. Indica, en primer lugar, que la tasa de inflación de largo plazo será menor, cuanto mayor sea el dinamismo de crecimiento real de la economía (y), debido a que el mayor crecimiento real aumenta la demanda de saldos monetarios reales e incrementa así el componente no inflacionario de la ecuación de señoreaje. Dicho en otras palabras, el gobierno tiene en ese caso menor necesidad de recurrir al impuesto inflacionario (primer término de la ecuación de señoreaje) para financiar el déficit. En segundo lugar, la tasa de inflación será mayor, cuanto más alto sea el nivel de déficit fiscal (g) a partir del cual arranca el proceso de financiamiento inflacionario. Puede observarse también que la tasa de inflación crece a un ritmo mayor que el déficit fiscal en relación con el PIB. A partir de un cierto punto, el resultado de la aceleración de la inflación se diluye en mera inflación sin ninguna ganancia en recaudación fiscal. En tercer lugar, la inflación será mayor cuanto más elevado sea el nivel no inflacionario de velocidad de circulación (ρ) −por ejemplo, en presencia de dolarización− y cuanto mayor sea la respuesta de la velocidad del dinero a la tasa de inflación (χ). Economías que vienen de una secuencia de brotes inflacionarios e intentos fallidos de estabilización suelen típicamente mostrar valores más altos de los coeficientes ρ y χ.

En algún momento del proceso, entran en acción mecanismos perversos de carácter social e institucional que conducen a sobrepasar el nivel socialmente óptimo de inflación. Adicionalmente, la erosión real de los ingresos fiscales (efecto Olivera-Tanzi)[44], el acortamiento de los contratos y la generalización de actitudes adaptativas retrospectivas se conjugan en una forma perversa que agrava la situación del déficit y acelera la inflación. Una vez inmersas en el marasmo hiperinflacionario, las instituciones fiscales y monetarias terminan colapsando y los agentes económicos abandonan −repudian− completamente la moneda doméstica.

Sería excesivamente reduccionista, sin embargo, explicar el fenómeno inflacionario únicamente por la motivación del señoreaje. De hecho, tal como se evidencia de un amplio estudio emprendido por un equipo del Banco Mundial[45], la motivación del señoreaje puede explicar el inicio, pero no la persistencia de

---

[44] Se conoce el efecto Olivera-Tanzi como el proceso de erosión del valor real de los ingresos tributarios a causa del lapso que transcurre entre la causación del impuesto y su recolección efectiva. Cuanto más se acelera la inflación, mayor es la erosión de valor real y mayor es el déficit fiscal. Ver Tanzi (1977).

[45] Ver Easterly, Rodríguez y Schmidt-Hebbel (1994).

altas inflaciones, ya que la mayoría de los países víctimas de alta inflación se encuentran ya en el lado superior izquierdo de la curva mostrada en el gráfico IV.1 (señoreaje decreciente), donde cada incremento de la tasa de inflación disminuye en términos netos el impuesto inflacionario. El estudio ubica el nivel máximo de impuesto inflacionario en un rango entre 70 y 170 por ciento anual, tasa inferior a la actualmente observada en episodios hiperinflacionarios. Incluso en economías que se ubican en ese rango de inflación, la ganancia por concepto de impuesto inflacionario difícilmente compensa los altos costos sociales y económicos de la inflación.

La razón por la que no siempre el vínculo entre déficit fiscal e inflación es directo y unívoco es la existencia de vías alternativas no monetarias de financiamiento del déficit, como son el endeudamiento interno, la desacumulación de reservas o el endeudamiento externo. El estudio del Banco Mundial no arroja una correlación definida entre déficit fiscales y cualquiera de los indicadores usuales de desequilibrio macroeconómico, tales como tasa de inflación, tipo de cambio real, etcétera. Ello se explica precisamente por la variada gama de vías utilizadas por los gobiernos para financiar los déficits. En general, el estudio no valida el enfoque exclusivamente fiscal de interpretación de la inflación, excepto cuando se adopta un horizonte de tiempo de largo plazo. En el corto y mediano plazo, aceleraciones monetarias no siempre desembocan en mayor inflación. Ahora bien, tampoco la existencia de un presupuesto balanceado es garantía de baja inflación. Pueden darse situaciones de alta inflación sin déficit fiscal. Esto sucede en los casos donde la inflación se origina por efecto de perturbaciones externas desfavorables en el marco de una regla de tipo de cambio real[46].

---

[46] Montiel y Ostry (1993) modelan una situación en la que el impacto inflacionario de un choque a los términos de intercambio no depende de lo que el gobierno haga con su gestión fiscal.

Otra advertencia de cautela debe hacerse en relación con el dilema confrontado por las autoridades entre endeudamiento o emisión monetaria para financiar el déficit fiscal. El pensamiento ortodoxo tiende naturalmente a dar por sentado que basta con eliminar el financiamiento monetario del déficit para detener la hiperinflación. Sin embargo, recurrir en este contexto hiperinflacionario al endeudamiento en el mercado interno de capitales puede generar más inflación y devaluación que la alternativa de emisión de dinero[47]. En efecto, un mayor endeudamiento produce el doble impacto de incrementar el acervo de deuda pública y de elevar aún más la tasa real de interés, con lo cual el sector público entra en el círculo perverso de mayor servicio de deuda y mayor necesidad de financiamiento. Es cierto que el gobierno puede "licuar" la deuda a través de la hiperinflación, pero el conocimiento por parte del público de esa posibilidad acelera las expectativas inflacionarias. De tal forma que no solo el financiamiento por señoreaje, sino también el financiamiento a través de deuda pública puede desatar una dinámica perversa de aceleración inflacionaria. Un elemento adicional de esta dinámica puede provenir del impacto que cada nueva ronda de inflación-devaluación tiene sobre el servicio de la deuda pública externa. De hecho, numerosos intentos fallidos de estabilización parecen cuestionar la eficacia de esquemas de corte ortodoxo basados exclusivamente en una política monetaria contractiva y en una flexibilización del tipo de cambio, ya que ninguna de ambas políticas atacan el problema medular del denominado *debt overhang*.

---

[47] Este punto ha sido destacado por Fernández (1991) en su análisis del caso argentino. McCallum (1984) aborda, desde una perspectiva más general, la cuestión del impacto inflacionario del financiamiento del déficit mediante emisión de papeles de deuda. Su conclusión de que esta vía de financiamiento es menos inflacionaria que la emisión monetaria tiene validez en el contexto de inflaciones moderadas y altas, pero las situaciones hiperinflacionarias desatan dinámicas específicas que no deben ser dejadas de lado.

Más allá de estas advertencias, sin embargo, el enfoque del señoreaje excesivo destaca válidamente la importancia de la estructura fiscal en la explicación del fenómeno inflacionario. La ecuación (4) nos dice que la inflación óptima será más alta en aquellos países donde las fuentes alternativas de ingreso fiscal sean más costosas de implantar y de recaudar. Ello puede ocurrir por la presencia de estructuras impositivas muy rígidas, deficiencia de la estructura administrativa tributaria, resistencia cultural y política al hecho impositivo, etcétera. Ello tiene claras implicaciones para cualquier programa de estabilización, en el sentido de que la tasa óptima de inflación solo puede ser reducida, si a través de reformas estructurales se consigue disminuir el costo marginal de obtención de ingresos tributarios. Para que un país sea capaz de reducir sostenidamente la inflación, debe resolver previamente su problema fiscal. De hecho, la reforma fiscal es el elemento constitutivo de prácticamente todos los programas de estabilización.

5. Inercia y el costo de detener la inflación

Una vez desatado el proceso inflacionario, la *persistencia* de la inflación se explica por la presencia de mecanismos inerciales que incorporan mecánicamente la inflación pasada en el proceso actual de formación de precios, salarios y tipo de cambio. Cuando la inflación es sustancial y crónica, parece inevitable que se enquiste alguna forma de indexación retrospectiva. El efecto directo de la indexación es que incrementa la inercia inflacionaria. Ello sucede, en primer lugar, porque la indexación permite alargar los plazos de los contratos y ello dificulta la interrupción del proceso inflacionario. Una vez que se anuncia el proceso de estabilización, los agentes económicos, cuyo contrato se vence antes, estarán renuentes a permitir que su contrato se "desindexe", si otros contratos indexados todavía continúan vigentes. En segundo lugar, la presencia de contratos indexados hace más lento el ajuste hacia la baja de las expectativas de inflación después de puesto en marcha el plan de estabilización[48].

Dornbusch y Fischer (1993) desarrollan un sencillo "modelo de persistencia", que ayuda a explicar el fenómeno de la inflación moderada, pero crónica. Se supone un mecanismo de fijación de precios basado en el costo. El costo considerado relevante es el derivado de los incrementos salariales, w, y de la depreciación nominal del tipo de cambio, ε, con un peso relativo $1-\delta$ dado por el grado de apertura de la economía al exterior. Eventuales perturbaciones exógenas de oferta o de demanda, Ω, también se incorporan en la fijación de los precios:

$$(6) \qquad \pi = \delta\, w + (1 - \delta)\, \varepsilon + \Omega \qquad \text{donde } 0 < \delta < 1$$

Los ajustes salariales están determinados por el deseo de recuperar el salario real erosionado por la inflación del período anterior, π_{-1}, pero ajustado por el nivel de desempleo imperante en la economía, u:

$$(7) \qquad w = \pi_{-1} - \sigma\, u$$

La fijación del tipo de cambio obedece a una regla de mantenimiento de la paridad del poder adquisitivo, según la cual la devaluación nominal debe recoger tanto la inflación del período en curso, como la del período anterior. El coeficiente β refleja el peso concedido a la inflación actual frente a la inflación pasada.

$$(8) \qquad \varepsilon = \beta\, \pi + (1 - \beta)\, \pi_{-1} \qquad \text{donde } 0 < \beta < 1$$

---

[48] Sobre la importancia de los contratos retrospectivos en los procesos de estabilización, ver Calvo y Vegh (1993).

Una vez resueltas las tres ecuaciones anteriores, se muestra que la inflación crece por efecto de la inercia inflacionaria, por los esfuerzos de reducción del desempleo y por las perturbaciones exógenas, expresados en los tres sumandos de la ecuación resultante (9).

(9) $\pi = \pi_{-1} - \delta \, \sigma \, H \, u + H \, \Omega$ donde $H = 1/\,[1 - \beta \, (1 - \delta)]$

Por el lado de la oferta agregada, el nivel de empleo es una función positiva del salario real $(w - \pi)$.

(10) $u = \xi \, (w - \pi)$

La demanda agregada, expresada a través del nivel de (des)empleo, responde positivamente al desempleo pasado u_{-1}, al crecimiento real del dinero, $m - \pi$, y a la depreciación real del tipo de cambio, $\varepsilon - \pi$ (donde ξ, τ y ω son los coeficientes que miden el grado de impacto de cada variable real):

(11) $u = u_{-1} - \tau \, (m - \pi) - \omega \, (\varepsilon - \pi)$

Este modelo de inercia inflacionaria permite explicar por qué la inflación es costosa de detener en términos de producto y de empleo. La razón principal es que la indexación convierte al salario real en una función negativa de la tasa de inflación. Cuando la inflación aumenta (disminuye), el salario real disminuye (aumenta). En efecto, el salario real decrece en fases de incremento de la tasa de inflación, ya que, de acuerdo con la ecuación (7), los aumentos salariales son negociados sobre la base de la inflación pasada, que es inferior a la actual $(\pi > \pi_{-1})$. De acuerdo con la ecuación (10), la reducción del salario real ejerce un impacto positivo sobre el nivel de empleo, con lo cual el aumento de la inflación disminuye el desempleo. Lo inverso ocurre en fases de desinflación ($\pi < \pi_{-1}$), donde los aumentos de salarios negociados superan la inflación actual y el salario real crece. Este aumento del costo real de la fuerza de trabajo atenta contra la contratación laboral y aumenta el nivel de desempleo en la fase de desinflación. Desinflar los precios, por consiguiente, aumenta el desempleo, mientras que durante su ascenso es posible crear empleo.

Dornbusch y Fischer (1993) consideran que el alto costo real de detener inflaciones inerciales es la principal causa de su persistencia, especialmente en el caso de economías de inflación moderada. Cuanto más influenciado esté el mecanismo de formación de precios por la inflación pasada, mayor deberá ser el esfuerzo recesivo para detener el proceso inflacionario. El costo necesario en términos de desempleo es sustancialmente mayor en un contexto inercial. De hecho, la observación empírica de procesos de desinflación en países de inflación crónica arroja la constante de que una fuerte dosis de recesión económica es insoslayable. En el otro extremo, cuanto más cortos los lapsos de los contratos y cuanto más determinado sea el proceso de formación de precios por expectativas "hacia adelante", menos recesivo será el esfuerzo de estabilización[49]. Se supone en este caso que el anuncio del programa de estabilización modifica positivamente las expectativas y el comportamiento de los agentes económicos. Las expectativas y la credibilidad, en vez del desempleo, hacen el trabajo estabilizador. Por esta razón, la aplicación de programas de estabilización con bajo impacto recesivo es teóricamente factible, siempre y cuando una alta

---

[49] Esto puede explicar por qué el costo real de la desinflación en escenarios hiperinflacionarios suele ser inferior al observado en escenarios de inflaciones moderadas crónicas. Paradójicamente, la hiperinflación arrasa con el comportamiento "retrospectivo" y hace que el público trate de "adelantarse" prospectivamente al alza de precios.

dosis de credibilidad rompa con las expectativas inerciales. Esta constatación, entre otras, ha servido de motivación para analizar más a fondo el papel de las expectativas y de la credibilidad en los procesos de (des)inflación, temática que abordaremos más en detalle en el capítulo VII.

V

CREDIBILIDAD Y EL PROBLEMA DE LA INCONSISTENCIA TEMPORAL

Desarrollaremos en este capítulo un modelo que incorpora la dinámica de expectativas que se deriva de la presencia del problema de la inconsistencia temporal. Este problema amerita una especial atención, ya que, en primer lugar, afecta sustancialmente la credibilidad de los programas de estabilización y, en segundo lugar, porque para el propósito del presente trabajo es crucial analizar de qué forma y por qué determinados regímenes cambiarios pueden ayudar a mitigar los efectos negativos derivados de los efectos de la inconsistencia temporal.

El objetivo es desarrollar un marco teórico general que permita analizar el impacto de las expectativas sobre el desempeño inflacionario de la economía. Una vez definido el concepto de inconsistencia temporal de políticas, pasaremos a presentar sucintamente el dilema que se les presenta a los hacedores de política en relación a fomentar el empleo o reducir la inflación y el aparente trueque o *trade-off* entre ambos objetivos. Procederemos luego a comparar los diferentes niveles de inflación que se derivan del proceso de optimización de pérdidas de los agentes bajo un régimen monetario discrecional y bajo un régimen de reglas monetarias creíbles. Quedará demostrado que el equilibrio bajo discrecionalidad es subóptimo, ya que arroja un nivel de inflación mayor que el régimen de reglas, para una misma ganancia de empleo. Se analiza cómo la existencia de reglas o de arreglos institucionales, que refuercen la credibilidad del compromiso antiinflacionario, conduce a la economía a un equilibrio de menor inflación que el que se produciría en ausencia de credibilidad. Este modelo formal explicativo de la inconsistencia temporal de políticas bajo diferentes escenarios de régimen monetario será la base del modelo más amplio de determinación de la inflación bajo diferentes regímenes cambiarios que se desarrollará en el capítulo VI.

1. Inconsistencia temporal de las políticas

Para entender el proceso inflacionario se debe analizar en primer lugar el juego interactivo entre el gobierno y los agentes económicos, ambos actuando con expectativas racionales y buscando optimizar los beneficios. Esta "teoría positiva de la inflación"[50] parte de la premisa de que el gobierno intentará maximizar el bienestar, aun a costa de mayor inflación, siempre que el costo de esta no exceda el beneficio marginal de bienestar. Los agentes privados buscarán protegerse de este comportamiento discrecional de la autoridad y elevarán consecuentemente su expectativa sobre la inflación venidera.

El punto de partida del análisis es el reconocimiento de que en una economía donde los agentes reaccionan inteligentemente frente a la información disponible, lo que hoy suceda dependerá decisivamente del grado de anticipación de las políticas futuras. Ello se debe a que los agentes privados interactúan estratégica-

---

[50] Tal como explicáramos en el capítulo introductorio, el término "teoría positiva" se emplea aquí para resaltar el hecho de que estamos adoptando un enfoque descriptivo de lo que es y se observa corno fenómeno inflacionario, a diferencia de enfoques "normativos", que contienen juicios implícitos de valor acerca de lo que debería ser. Buena parte de las teorías convencionales sobre la inflación se acercan excesivamente al campo de la economía normativa, puesto que más que explicación de los comportamientos observables de los agentes económicos son teoremas sobre la relación que debería existir entre determinadas variables y el nivel de precios.

mente con los hacedores de política y configuran su comportamiento basándose en sus expectativas sobre el curso probable de la política económica y sobre el posible impacto de esta política. Ello obliga a las autoridades económicas a incorporar en el diseño de su política los efectos que estas expectativas tienen sobre el comportamiento de los agentes.

El problema de la "inconsistencia temporal" surge cuando los hacedores de política no están constreñidos a cumplir las reglas u objetivos anunciados, pero el público todavía espera que la autoridad se atendrá a cumplir esas reglas, en cuyo caso los agentes privados pactarán compromisos de precios y salarios a futuro sobre la base de esa expectativa de cumplimiento oficial. Una vez que los agentes privados se han atado a tales pactos o contratos, el gobierno tiene la oportunidad de sacarle provecho a esa atadura, pues sabe que un incumplimiento de la regla anunciada no acarreará una reacción negativa inmediata por efecto de las ataduras contractuales. El gobierno tiene entonces un incentivo para engañar e incumplir. Visto dentro del corto horizonte temporal de un período (un año, por ejemplo), el gobierno no estaría actuando racionalmente, si no aprovechara la oportunidad de engañar. De tal forma que una determinada política, que pudo haber sido socialmente óptima al momento de su anuncio, deja de serlo una vez que los agentes privados pactan sus compromisos. En ese momento, la política óptima es engañar al público mediante, por ejemplo, una expansión monetaria adicional y sorpresiva, que reanime la actividad económica. Políticas o reglas que son óptimas en un momento inicial, no son "consistentemente" óptimas en fases posteriores del juego interactivo, de ahí el término de inconsistencia "temporal" de las políticas[51].

---

[51] Ver Mimford (1992) para una exposición sucinta de la literatura sobre el problema de la inconsistencia temporal.

La inconsistencia, por consiguiente, surge cada vez que la autoridad económica tiene el incentivo de engañar al público, pero como el público ajusta posteriormente su comportamiento a la actuación de la autoridad, los engaños serán anticipados cada vez con mayor precisión. El único equilibrio posible al final de esta dinámica de engaños y reacciones es aquel en el cual el incentivo marginal del gobierno para engañar se iguala al costo marginal de hacerlo. Aplicado a nuestro tema, la tasa de inflación de equilibrio será aquella en la que el beneficio marginal en términos de logro de objetivos reales se balancea con el costo marginal de la inflación sorpresiva. Intuitivamente, uno puede prever que este equilibrio "discrecional" será menos óptimo que el que se pudiera haber obtenido si se hubiera disminuido desde el punto de partida el incentivo para engañar, cosa que demostraremos formalmente más adelante.

2. Trueque entre inflación y desempleo: la curva de Phillips en el corto y en el largo plazo

El modelo de determinación de la inflación bajo diferentes regímenes monetarios que expondremos en la siguiente sección está construido parcialmente sobre el teorema del trueque o *trade-off* entre inflación y desempleo, que ha marcado el quehacer de los hacedores de política desde al menos mitades del siglo pasado y ha servido de justificación para el activismo en el campo de las políticas monetarias. Este activismo se basaba en gran medida en la creencia de que existía un trueque (*trade-off*) "estable" entre inflación y desempleo del tipo expresado en la curva de Phillips. Mediante políticas monetarias expansivas, que eventualmente podían generar una mayor inflación, era posible estimular la actividad económica, el consumo, la inversión y, al final, el empleo, que era el objetivo prioritario de las políticas públicas. La inflación resultante se consideraba justificada por el logro de una reducción del nivel de desempleo.

GRÁFICO V.1
Trueque inflación-desempleo con ilusión monetaria

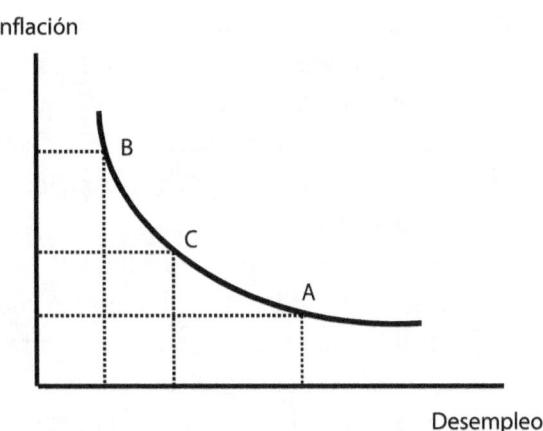

Gráficamente este trueque adquiere la forma de una curva cóncava, la llamada curva de Phillips, como la expresada en el Gráfico V.1. En la coordenada vertical se reflejan los valores de la inflación y en la horizontal los niveles de desempleo. En la medida en que el gobierno quiera moverse hacia la izquierda en la línea del desempleo, deberá adoptar políticas monetarias expansivas para estimular la actividad económica, aunque ello signifique validar aumentos de precios. El proceso inflacionario se desata por el doble efecto de, por una parte, el impacto directo del aumento de la masa monetaria sobre los precios y, por otra parte, del impacto indirecto de los aumentos salariales en un mercado laboral más demandado por el mayor deseo de contratación por parte de las empresas. De esta forma la economía se desplazaría sobre la curva desde el punto *A* hasta el punto B, caracterizado por un menor desempleo y una mayor inflación.

Si la economía se encuentra en el punto B y las autoridades consideran que ese nivel de inflación es inconveniente o que el mercado laboral está recalentado, el curso de acción anti-inflacionario consistiría en la aplicación de políticas restrictivas que enfríen la economía y disminuyan la presión sobre los precios, a costa de un aumento del desempleo. La economía se desplazaría sobre la curva desde el punto B a eventualmente el punto C, consistente en una combinación de inflación y de desempleo que resulte aceptable dentro de la función de preferencias del gobierno y la sociedad.

En el desarrollo teórico-empírico posterior, la supuesta relación de intercambio entre inflación y desempleo fue cuestionada por dos fenómenos crecientemente presentes en las economías modernas. En primer lugar, los contratos salariales suelen pactarse cada vez más sobre la base de la inflación "esperada", tal como lo asumían Friedman (1968) y Phelps (1968) en su crítica a la ilusión monetaria. Y, por otra parte, los agentes económicos acostumbran a anticipar las políticas gubernamentales en línea con el comportamiento de las "expectativas racionales", lo cual fue resaltado ya por Muth (1961) y Lucas (1973). A pesar de que los aportes de estos autores fueron formulados durante los sesenta y principio de los setenta, no entraron a formar parte del bagaje teórico y práctico de la economía "oficial" sino hasta bien entrada la década de los ochenta, cuando los *shocks* inflacionarios de la década anterior en un contexto de flotación cambiaria cuestionaron importantes principios del activismo keynesiano.

La clave de esta revisión de la teoría convencional es que más allá de la "ingenuidad" del corto plazo, los agentes económicos actúan de manera racional en función de expectativas, las cuales se forman en el proceso de aprendizaje de experiencias pasadas.

Si los asalariados han observado que anteriores políticas monetarias expansivas han derivado en mayores niveles de inflación que han erosionado el valor real de su salario, presionarán por aumentos salariales compensatorios que preserven su ingreso real. El incentivo inicial de la reducción del costo real de la mano de obra que las empresas pudieran haber tenido para contratar más trabajadores y reducir el desempleo se diluye frente a estas reivindicaciones salariales anticipadas. Todo ello redunda en que la reducción del desempleo es mucho menor por efecto de estas anticipaciones.

GRÁFICO V.2
Trueque inflación-desempleo con expectativas racionales

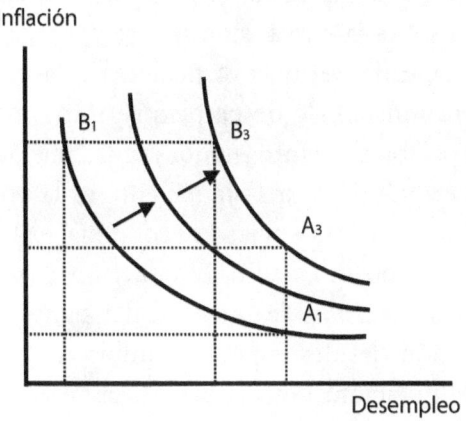

Expresado visualmente en el Gráfico V.2, el efecto expectativa se traduce en un desplazamiento iterativo de la curva de Phillips hacia arriba, lo cual significa que para reducir una determinada proporción de desempleo, las autoridades tienen que emprender políticas expansivas cada vez más agresivas y aceptar niveles de inflación cada vez más altos. Si inicialmente el nivel de desempleo del punto A_1 se podía lograr con relativamente moderada expansión monetaria y baja inflación, con el efecto de las expectativas habrá que "inflacionar" más y más la economía para simplemente preservar un determinado nivel de empleo. De esta forma, la economía se terminaría posicionando en un eventual punto A_3 de sensiblemente mayor inflación sin ganancias de empleo. Y si inicialmente la economía se encontrara en el punto B_1, caracterizado por una apreciable reducción del desempleo y una alta inflación a causa del estímulo monetario, el aprendizaje de los agentes económicos, especialmente de los asalariados, de que la inflación reduce su salario real haría que se anticiparan a la inflación en futuras negociaciones contractuales. Así es que la economía pudiera terminar ubicándose en un punto B_3, donde no es posible reducir la inflación ni siquiera aceptando un mucho mayor desempleo.

En el mediano y largo plazo, el trueque inflación-desempleo no se desarrolla sobre la curva, sino que <u>se desplaza hacia arriba</u> en nuevas curvas, cada vez más verticales. En la medida en que la relación entre inflación y desempleo se torna más vertical, o dicho en otras palabras, cuanto menor sea la "ilusión" monetaria de los agentes económicos, más ineficiente es la política monetaria o cambiaria para influenciar la economía real y el empleo. En efecto, cuando en el estadio 1 todavía persistía una cierta ilusión monetaria, era posible moverse del punto A_1 al B_1 con una gran reducción del desempleo a cambio de un incremento manejable de la inflación. Pero al desvanecerse la ilusión monetaria y tornarse más vertical la curva del trueque, ese mismo esfuerzo de expansión monetaria e inflación apenas permitiría mover la economía del punto A_3 al B_3, lo que representa una muy modesta reducción del desempleo. Y así progresivamente hasta que la política expansiva inflacionaria pierde toda efectividad para mejorar la situación de empleo.

Más allá del corto plazo, por consiguiente, la curva de Phillips tiende a ser vertical, indicando que el mecanismo de inflacionar la economía para disminuir el desempleo no pasa de tener un efecto pasajero. A largo plazo, las economías se ubican en su nivel "natural" de empleo, que es determinado exclusivamente por factores reales (población, productividad, nivel educativo y tecnológico...) y no por manipulaciones de los niveles nominales de precios internos o del tipo de cambio. Esta tasa natural de desempleo se denomina técnicamente "tasa de desempleo no aceleradora de la inflación" (NAIRU: *Non Accelerating Inflation Rate of Unemployment*).

3. MODELO DE BARRO Y GORDON PARA LA DETERMINACIÓN DE LA INFLACIÓN

Después de esta breve disgresión sobre la curva de Phillips, volvamos a nuestro hilo argumental. Kydland y Prescott (1977) fueron los primeros en formular el problema de la inconsistencia temporal en el contexto de la política macroeconómica. Posteriormente, Barro y Gordon (1983) aplicaron la hipótesis del comportamiento inconsistente de la autoridad económica a la política activista que busca explotar el trueque entre inflación y desempleo, tal como es postulado por la relación de la curva de Phillips de corto plazo. Demuestran que, con el fin de estimular el empleo, puede ser óptima la política de aumentar la tasa de expansión de la oferta monetaria y, consecuentemente, la tasa de inflación por encima del nivel esperado.

El modelo de inconsistencia temporal de Barro y Gordon se limita a un solo período. Se supone que los precios y los salarios son flexibles. El modelo supone que tanto el gobierno como el público actúan racionalmente basados en la información disponible. Acorde con las preferencias del público, el gobierno adopta un curso de política monetaria contracíclica para contrarrestar desviaciones del empleo respecto de su nivel deseado. El nivel deseado se define en relación con la tasa natural de desempleo, la cual está determinada exclusivamente por factores reales de largo plazo. Este modelo de tasa natural de desempleo con expectativas racionales, tal como es desarrollado por Sargent y Wallace (1975), postula que cambios anticipados en la oferta monetaria son neutrales con respecto al producto y al empleo. Efectos reales de la política monetaria anticíclica solo son posibles en el corto plazo, debido a anticipación imperfecta de la política (efecto sorpresa).

Suponiendo una relación inversa de corto plazo entre inflación y desempleo, la tasa de desempleo u en un período determinado será la tasa de desempleo natural u^n, modificada temporalmente por la política anticíclica sorpresiva, la cual se manifiesta y expresa mediante la desviación de la inflación observada π respecto de la inflación esperada π^e:

$$(12) \qquad u = u^n - K\,(\pi - \pi^e) \qquad\qquad donde\ K > 0$$

En la medida en que la inflación actual supere el nivel esperado ($\pi > \pi^e$), la tasa de desempleo disminuirá. El coeficiente K refleja la sensibilidad de la tasa de desempleo a variaciones de la inflación y es el que determina la pendiente de la curva de Phillips de corto plazo. A mayor sensibilidad K (lado derecho de la curva), mayor será el efecto reductor del desempleo que tenga una inflación no anticipada.

El objetivo del gobierno en su política anticíclica es minimizar una función de pérdida, que refleja las preferencias de la sociedad respecto de la inflación y del desempleo:

$$(13)\ P = \alpha\,(u - k\,u^n)^2 + \lambda\,(\pi)^2 \qquad donde\ \alpha, \lambda > 0\ y\ 0 < k < 1$$

El gobierno (y la sociedad) buscan minimizar el costo que representa, por una parte, la desviación del desempleo respecto de un nivel objetivo y, por la otra, la inflación. Sería también pensable una función de pérdida en la que el costo de la inflación se midiera por su desviación respecto a un nivel deseado óptimo (por ejemplo, la tasa de inflación internacional, la tasa óptima de señoreaje, etcétera). En la formulación aquí adoptada se supone que cualquier tasa de inflación superior a 0 implica un costo. El nivel objetivo de desempleo es fijado como una fracción k de la tasa de desempleo natural u^n. El coeficiente k es un factor de corrección, menor que 1, que busca contrarrestar condiciones adversas del mercado laboral. Estas se derivan de la existencia de sistemas de compensación al desempleo, de impuestos sobre el ingreso personal, etcétera, hacen que la tasa natural de desempleo tienda a superar el nivel que se considera socialmente eficiente y deseable, razón por la cual la sociedad se fija un objetivo de desempleo normalmente inferior a la tasa natural. Decisiones impositivas gubernamentales, por ejemplo, pueden introducir distorsiones en el mercado laboral, que disminuyen el valor de k y disparan la actividad anticíclica de carácter monetario. Se supone que la autoridad monetaria dispone de un instrumento, la expansión monetaria, que tiene efectos directos sobre la tasa de inflación. Los coeficientes α y λ reflejan el peso relativo que la sociedad le asigna al costo de la desviación del desempleo, α, y al costo de la inflación, λ.

La determinación de la tasa de inflación y del nivel de desempleo en un período es el resultado de un juego entre el gobierno y los agentes privados, en el cual el gobierno (y la sociedad) buscan minimizar la pérdida P. Al inicio del período, el gobierno apunta a una determinada tasa de inflación sobre la base de la información disponible del período anterior, I_{-1}. Basándose en esa misma información y sabiendo que el gobierno busca minimizar la pérdida P, los agentes privados formulan su expectativa de inflación π^e sobre la base de una función de reacción del público, h^e, ante la información disponible:

(14) $\pi^e = h^e (I_{-1})$

Esta tasa de inflación esperada es formada a priori y no se modifica si el gobierno decide posteriormente no atenerse a la inflación que inicialmente minimizaba la función de pérdida P. Como el modelo se circunscribe a un solo período, podemos abstraer por el momento de la complicación que surge de la posibilidad de que la tasa de inflación elegida por el gobierno en "segunda instancia" afecte la formación de expectativas en períodos futuros. De esta forma, con expectativas fijas, el gobierno tiene a su disposición la posibilidad de explotar el intercambio entre mayor inflación y menor desempleo.

La inflación realmente observada, por lo tanto, dependerá del grado en que el gobierno desee explotar el trueque de forma sorpresiva para los agentes privados. De acuerdo con la ecuación (12), la inflación se determina en el mercado de trabajo. Esto puede apreciarse mejor mediante una simple transformación algebraica de dicha ecuación:

(12a) $\pi = \pi^e + (1/K) (u^n - u)$

Empujando la inflación a un nivel superior al esperado por los agentes privados, el gobierno tiene la posibilidad de obtener ganancias reales de empleo. En efecto, de acuerdo con la ecuación (12a), la inflación resultante de la acción gubernamental será tanto mayor cuanto mayor sea la ganancia de empleo que el gobierno pretenda (es decir, cuanto más se pretenda hacer descender el desempleo por debajo de la tasa de desempleo natural, $u^n - u$), y cuanto menor sea la sensibilidad de la tasa de desempleo a desviaciones de la inflación respecto del nivel esperado, (menor K, es decir, en el tramo izquierdo de la curva de Phillips, donde la pendiente se torna progresivamente

136

vertical). Una menor sensibilidad de la tasa de desempleo a variaciones de la inflación exige un mayor esfuerzo inflacionario para lograr el mismo resultado en términos de empleo, de tal forma que la efectividad de una expansión monetaria es función inversa del acostumbramiento de una economía a esa política y de cuánto se haya forzado el descenso del desempleo por debajo de su nivel natural.

4. PROPIEDADES DEL EQUILIBRIO DISCRECIONAL

Cuando el público entiende los objetivos y el comportamiento de la autoridad económica, las sorpresas no pueden ocurrir indefinidamente. No sería racional que los agentes económicos mantengan permanentemente expectativas sobre metas, cuando saben que el gobierno tiene el incentivo para incumplirlas. En un contexto de expectativas racionales, por consiguiente, los agentes privados observan el comportamiento del gobierno y toman debida nota del incentivo para engañarlos. En respuesta a ello fijan sus expectativas de inflación en niveles cada vez más altos, que reducen progresivamente el margen del gobierno para lograr el efecto sorpresa. De tal forma que, al final, el comportamiento racional del gobierno y del público conduce a un equilibrio en el que la inflación real observada sea igual a la inflación esperada ($\pi = \pi^e$). Este equilibrio no-cooperativo de tipo Nash[52] se produce cuando la inflación esperada es suficientemente alta como para que el gobierno no tenga ya incentivo para superarla, pues el costo marginal de una mayor inflación se iguala al beneficio marginal de reducir el desempleo.

---

[52] El equilibrio tipo Nash es un concepto de la teoría de juegos aplicado a un juego no-cooperativo, en el que los jugadores conocen las estrategias de los otros jugadores y ninguno se beneficia al cambiar su propia estrategia, si el resto no cambia las suyas, razón por la cual nadie realiza ninguna movida.

Algebraicamente, la tasa de inflación de equilibrio en un contexto de política discrecional, π^d, se obtiene minimizando la función de pérdidas (13), sujeta a la condición de inflación en el mercado laboral (12a) y a la igualdad $\pi = \pi^e$, lo cual arroja la siguiente relación:

$$(15) \qquad \pi^d = K\,(\alpha\,/\,\lambda) \cdot (1\text{-}k)\;u^n$$

Obsérvese que la tasa inflacionaria de equilibrio discrecional será tanto mayor cuanto mayor sea el peso que las autoridades le asignan al objetivo de pleno empleo, α, y cuanto menor sea el peso asignado al costo de la inflación, λ. La relación α/λ representa las preferencias de la sociedad en cuanto al trueque entre desempleo e inflación. En el caso de que las autoridades no le asignen ningún peso al costo de la inflación ($\lambda = 0$), no es posible lograr un equilibrio y la aceleración de la inflación es infinita. La tasa de equilibrio estará también influenciada por las distorsiones, k, que desalientan la oferta y demanda de empleos y, consecuentemente, alejan el mercado de trabajo de la tasa natural de desempleo. En ausencia de distorsiones ($k = 1$), el fenómeno inflacionario no hace aparición. Cuanto mayor sea la distorsión (menor valor de k), mayor será la brecha entre el desempleo natural u^n y la tasa objetivo de desempleo ku^n, y mayor será el beneficio derivado de crear inflación no esperada.

La inflación en este modelo es el resultado de una falta de compromiso previo de la autoridad económica o, lo que conduce a lo mismo, de una falta de atadura, lo cual le permite crear inflaciones superiores a la esperada. Si existiera una regla conocida por el público y el gobierno estuviera constreñido a acatarla, la inflación no se produciría por sorpresa y, en consecuencia, no tendría ningún efecto sobre el desempleo. La inflación de equilibrio sería la explicitada en la regla. En el caso de que la regla fuese cero inflación, la inflación de equilibrio sería también cero.

Este equilibrio derivado de compromisos o reglas se considera óptimo, pero "inconsistente temporalmente", ya que la autoridad económica tiene el incentivo para desviarse de la regla una vez que el público ha creído que el gobierno la va a cumplir. En otras palabras, el nuevo óptimo para el gobierno es desviarse de la regla. La autoridad económica actúa realmente de forma óptima y racional, si aprovecha la oportunidad de reducir el desempleo a cambio de un moderado incremento de la inflación. Al final, sin embargo, la inflación de equilibrio discrecional es sub-óptima porque supera el valor de la inflación de equilibrio de un régimen de reglas con buena reputación, sin lograr un menor desempleo.

Otra característica de este equilibrio discrecional es que la tasa de desempleo resultante es la tasa natural. En el equilibrio final, la expansión monetaria y la inflación no son capaces de mejorar el nivel de empleo por encima de su nivel natural. Más bien, en opinión de Barro y Gordon, un régimen discrecional que utiliza la inflación inesperada para expandir la actividad real terminará elevando la tasa natural promedio de desempleo en el largo plazo.

5. EQUILIBRIO EN UN MARCO DE REPUTACIÓN

Cuando se establece el vínculo actual-futuro y la autoridad económica sopesa el efecto de su acción sorpresiva hoy sobre la formación de expectativas de los agentes en períodos posteriores, la optimalidad del comportamiento racional puede modificarse. El desempeño en materia de inflación podría mejorar si un conjunto de reglas comprometieran la acción futura de la autoridad económica a favor de una mayor estabilidad de precios. Tales reglas son en última instancia contratos de largo plazo entre el gobierno y los agentes privados, que reflejan el compromiso del gobierno de no hacer trampa. Similar efecto estabilizador pudiera conseguirse si el gobierno logra construir una reputación antiinflacionaria a base de renunciar consistentemente a las ganancias de corto plazo obtenidas mediante inflación sorpresiva. Si la autoridad se ata desde un principio a un objetivo de inflación baja o nula, el resultado final será el mismo nivel de desempleo natural, pero con un nivel de inflación inferior al del equilibrio discrecional.

Para que la reputación se consolide, el público tiene que percibir a priori, y comprobar a posteriori, que el gobierno le otorga al costo de la inflación un mayor peso dentro de su función de ganancias y pérdidas. Para que esto suceda, el gobierno tiene que incorporar en el costo actual de la inflación el valor presente de las pérdidas futuras de una creciente inflación. Cuanto más alta sea la tasa de descuento de esas pérdidas futuras, más factible es que el gobierno opte por construir la reputación.

El problema con la reputación es que tarda tiempo en ser construida. Un atajo para conseguir el mismo efecto pudiera consistir en reforzar la institución responsable de la política monetaria. En su influyente ensayo, Rogoff (1985) propone como una posible solución nombrar al frente del banco central a "conservadores", que le asignen al objetivo de estabilizar la inflación un mayor peso del que el resto del gobierno y de la sociedad le otorgan. Ello es necesario por cuanto la dinámica del juego inflacionario en un contexto discrecional muestra que la economía termina posicionándose sistemáticamente en un nivel de inflación excesivamente alto, incluso si la autoridad monetaria se atiene estrictamente a maximizar la función de bienestar social.

La credencial antiinflacionaria del banco central puede ser también fortalecida mediante el establecimiento de reglas que apunten hacia objetivos monetarios intermedios o directamente hacia un nivel objetivo de inflación. La adopción de reglas constituye una respuesta institucional al problema de la inconsistencia temporal de las políticas, por el hecho de que las reglas reducen los incentivos de la autoridad para recurrir al mecanismo de la inflación inesperada. Los costos derivados del incumplimiento de la inflación esperada son mayores en un marco reglado que en un marco discrecional. En consecuencia, un compromiso creíble del banco central conduce a una menor tasa de inflación de equilibrio, entendiendo por equilibrio la consistencia en el tiempo de esa tasa[53].

Rogoff advierte, sin embargo, que no siempre es óptima la aplicación de reglas que son cumplidas con absoluta rigidez, ya que ello implicaría renunciar completamente al uso de la política monetaria con fines anticíclicos de corto plazo. El banco central perdería toda capacidad de responder frente a perturbaciones graves e inesperadas, sobre todo las provenientes del lado de la oferta, que se transmitirían sin amortiguación a la esfera del empleo. Marcos reglados pueden conducir a resultados socialmente sub-óptimos en una economía sujeta a perturbaciones. Reglas rígidas no pasan de ser una "segunda mejor" solución frente a la situación ideal de un marco discrecional de actuación de las autoridades. Pero dado que siempre estarán presentes los incentivos para inflacionar sistemáticamente la economía en ese marco discrecional, la "primera mejor" solución debe ser descartada. Una vía intermedia consistiría en la adopción de reglas sujetas a "cláusulas de escape", que se activarían en determinados escenarios de perturbaciones. Se trataría en este caso de reglas "contingentes", cuya aplicación estaría condicionada al estado de la eco-

---

[53] La credibilidad del compromiso depende estrechamente del grado de independencia efectiva del banco central frente al gobierno. Alesina y Summers (1993) y Cukierman (1992) han estudiado ampliamente la importancia de esta independencia para la estabilidad de precios. Una interesante polémica sobre el tema puede verse también en los trabajos de Fischer (1995), Alesina y Gatti (1995) y McCallum (1995).

nomía. Consecuentemente, estas autoridades bancocentralistas conservadoras deben ser también prudentes, porque tampoco sería razonable asignarle al objetivo de estabilizar la inflación un valor cuasi infinito, ya que ello implicaría que *shocks* de oferta extremos serían trasladados íntegramente al nivel de empleo.

La efectividad de reglas contingentes en inducir una reducción de la tasa consistente de inflación ha sido ampliamente discutida[54]. Es cierto que la existencia de cláusulas de escape dificulta la acumulación de credibilidad en el tiempo, pero la excesiva inflexibilidad puede también afectar la credibilidad. No siempre la reputación de un hacedor de política, que aplica medidas duras contra la inflación, mejora en el transcurso del tiempo, puesto que mantenerse en un curso de dureza en determinadas circunstancias puede afectar el estado de la economía de forma tal que luzca crecientemente improbable el mantenimiento de esa política. Imaginemos el ejemplo de una persona en proceso de rebajar peso, que se priva absolutamente del alimento. Cada día que transcurre sin ingerir alimento, hace más improbable que la regla del ayuno pueda ser mantenida al día siguiente. El compromiso del ayuno es menos creíble a los cuatro días que al primer día de iniciado. En circunstancias externas adversas, por lo tanto, una política dura puede tener efectos persistentes sobre la economía, que constriñen el margen de maniobra para acciones futuras y debilitan así la credibilidad de la política. Un curso monetario restrictivo, por ejemplo, puede desatar un proceso de desinversión, que genere una destrucción persistente de empleo. Cuanto más se agrave la situación de desempleo, menos viable será la continuación de la política

---

[54] Ver especialmente el trabajo de Drazen y Masson (1994) sobre la afectación de la credibilidad de los compromisos a causa del estado de la economía. Agenor (1993) advierte sobre la posibilidad de que políticas de estabilización excesivamente restrictivas pueden exacerbar el problema de la credibilidad al crear dudas sobre la futura viabilidad política del esfuerzo de estabilización.

restrictiva. Por lo tanto, la credibilidad no depende únicamente de la voluntad o de las señales enviadas por las autoridades económicas, sino también del estado contingente de la economía. Tampoco depende la credibilidad del grado de dureza de la política, sino de su persistencia en el tiempo.

Similar argumentación aplica a la discusión sobre la conveniencia de aplicar terapias de *shock* para reducir la inflación. No hay duda de que hacer un corte radical con políticas inflacionarias pasadas puede señalizar el compromiso de la autoridad por la estabilidad, pero igualmente importante es dotarle al programa de estabilización de viabilidad en el tiempo. En el arranque de un programa de estabilización puede ser necesario un gesto que demuestre una ruptura con el pasado y el compromiso con la estabilidad de precios[55]. Pero nada garantiza que con el solo anuncio del compromiso se establezca la credibilidad. No hay forma de asegurar que el público crea el anuncio, razón por la cual se hace necesario acompañarlo con otras medidas de refuerzo, como serían, por ejemplo, modificaciones del marco legal e institucional, reformas estructurales, cambios de autoridades, etcétera.

6. COMPARACIÓN GRÁFICA DEL EQUILIBRIO BAJO DISCRECIÓN Y BAJO COMPROMISO

Veamos gráficamente cómo la credibilidad puede hacer que una economía alcance su nivel natural de empleo a un costo de inflación mucho menor. El proceso interactivo de determinación de la inflación de equilibrio arriba descrito se expresa diagramáticamente en los gráficos V.3 y V.4, donde se observa la dinámica de los sucesivos intentos de obtener ganancias de

---

[55] Véase el excelente trabajo de Rodrik (1996) sobre los procesos de reforma económica.

empleo mediante políticas expansivas inflacionarias y se compara cual sería el nivel de equilibrio en cada uno de los dos tipos de régimen cambiario-monetario.

GRÁFICO V.3
Proceso inflacionario bajo discreción

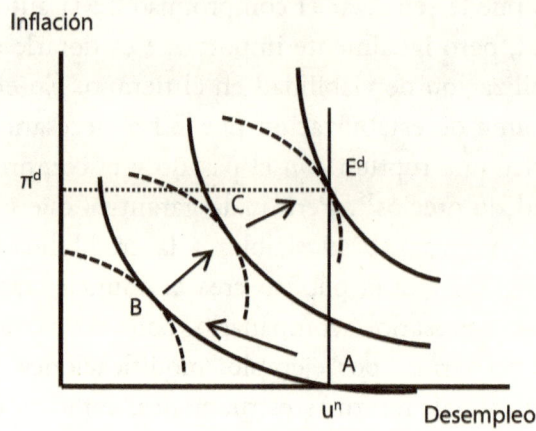

El escenario base (Gráfico V.3) es el de un gobierno que ejerce su política monetaria de manera discrecional en un marco de autonomía y flexibilidad cambiaria y que, como consecuencia de ello, goza de un bajo nivel de credibilidad antiinflacionaria. En este escenario es previsible que la inflación de equilibrio sea relativamente alta. Se incorpora a continuación el escenario de compromiso creíble de la autoridad monetaria en pro de la estabilización de la inflación en un nivel bajo (Gráfico V.4). La credibilidad del compromiso puede estar basada tanto en la acumulación de reputación a través del tiempo, como en la existencia de reglas que constriñan la actuación gubernamental o en la incorporación a un área monetaria de buena reputación antiinflacionaria. La representación gráfica sirve para mostrar cómo un gobierno más proclive a la inflación y a la devaluación puede mejorar su desempeño, si decide tomar "prestada" la credibilidad de un banco central conservador al atar su moneda a la de ese país.

GRÁFICO V.4
Proceso inflacionario bajo compromiso creíble

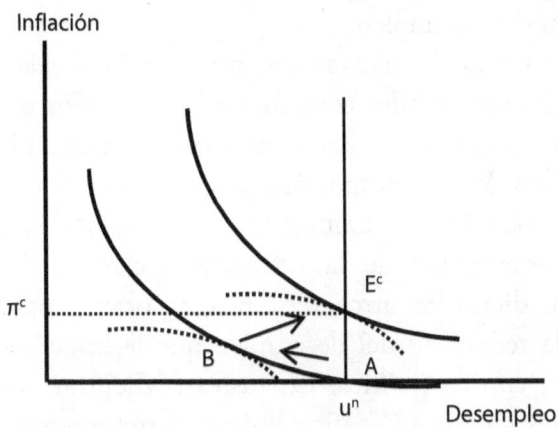

La diferencia básica entre ambos escenarios reside en las preferencias de las autoridades respecto al trueque entre inflación y desempleo. Gobiernos más populistas y más amigos de tener las manos libres para adoptar discrecionalmente políticas que incentiven la actividad económica y el empleo, acostumbran a darle más importancia a la disminución del desempleo que al logro de una baja inflación. Gobiernos más ortodoxos que privilegian la estabilidad de precios por sobre el estímulo del empleo, le dan más importancia al control de la inflación y asumen el compromiso correspondiente. Estas diferentes preferencias de las autoridades se expresan gráficamente mediante las curvas de indiferencia –las curvas convexas de trazo punteado–, en las que están representadas las funciones objetivo de las autoridades y de la sociedad. Se denominan curvas de "indiferencia" porque ellas representan las combinaciones –preferencias– de inflación y desempleo que tienen el mismo valor para el gobierno o la sociedad, es decir, aquellas donde le resulta indiferente ubicarse en unas o en otras. Igual valor dentro de las preferencias del gobierno tiene un punto en la parte alta de la curva, caracterizado por mayor inflación y menor desempleo, que otro en la parte baja de la curva, con menor inflación y mayor desempleo.

La pendiente de las curvas de indiferencia revela el peso relativo que las autoridades confieren a los objetivos de reducir la inflación y el desempleo. Pendientes más pronunciadas como las del Gráfico V.3 corresponden a gobiernos discrecionales (activistas monetarios y cambiarios), que están dispuestos a sacrificar la estabilidad de la inflación a cambio de menor desempleo o, dicho en otros términos, valoran proporcionalmente más la reducción del desempleo que la inflación que se pueda generar con las políticas expansivas. Mientras que curvas con pendientes menores (Gráfico V.4) se corresponden con una actitud más dura respecto de la inflación, según la cual el gobierno está dispuesto a aceptar proporcionalmente un mayor aumento del desempleo a cambio de una disminución relativamente menor de la inflación.

¿En qué punto concreto de la curva de indiferencia decidirá colocarse el gobierno? ¿Qué combinación de inflación y desempleo elegirá? Para ello necesitamos introducir en la representación las ya conocidas curvas de Phillips, que son las curvas cóncavas de trazo continuo. Ese punto de decisión es la confluencia tangencial de la curva convexa de indiferencia con la curva cóncava de Phillips, el cual define ese trueque de inflación y desempleo que coincide con un punto de indiferencia del gobierno o de la sociedad.

Combinando las curvas punteadas de indiferencia con las curvas continuas de Phillips de corto plazo, observemos gráficamente el proceso de engaño y reacción que conduce al equilibrio, entendiendo por éste aquel donde la tasa de inflación se torna temporalmente consistente, es decir, donde la inflación observada coincide con la inflación esperada y, por lo tanto, los agentes económicos ya se sienten anticipadamente protegidos contra la inflación y se quedan "quietos". En el caso de la política discrecional (Gráfico V.3), el proceso arranca en el punto A de un mundo ideal, en el que la inflación es inexistente y el desempleo está ubicado en su nivel natural de largo plazo u^n. En un mundo de expectativas racionales, sin embargo, esta tasa de inflación cero no es sostenible, mientras exista el incentivo de un agente del juego de sacar ventaja del otro mediante la acción sorpresiva. Este incentivo existe porque el gobierno tiene la posibilidad de ubicarse en una curva de indiferencia inferior, en la que obtiene –temporalmente– una combinación de menor desempleo y un nivel moderado de inflación (punto B). Para pasar de A a B, el gobierno solo tiene que generar inflación inesperada. Los agentes privados reaccionan frente a este engaño en el siguiente período y elevan sus expectativas de inflación, con lo cual desplazan hacia arriba la curva de Phillips (equivalente a una mayor inflación para una misma tasa de desempleo) y ubican la economía en una curva de indiferencia superior (punto C). El proceso de engaño y reacción continúa en períodos sucesivos hasta que la economía encuentra la tasa de inflación de equilibrio E^d, en la que la inflación observada y la esperada se igualan, porque las autoridades no tienen más incentivos para generar inflación sorpresiva. La tasa de desempleo resultante será la misma tasa natural del punto de partida, u^n, evidenciando que en el largo plazo la curva de Phillips es vertical.

Suponiendo que las autoridades hubieran adoptado desde el inicio un compromiso antiinflacionario creíble (Gráfico V.4), las curvas de indiferencia hubieran tenido una pendiente menos pronunciada como reflejo de la mayor preferencia por la estabilidad de precios. También en este escenario es posible que el gobierno intente moverse sobre la curva de Phillips para reducir el desempleo con un moderado aumento de la inflación. El proceso de aprendizaje de los agentes económicos desplazará igualmente la curva hacia arriba, pero con la gran diferencia de que ahora las curvas de indiferencia son más chatas y la economía alcanza en un tiempo más corto una inflación de equilibrio en el punto E^c. Esta es una inflación inferior a E^d, y con una tasa de desempleo similar o inferior a la del escenario discrecional. Incluso no es descartable que la tasa de desempleo no aceleradora de la inflación pueda ser inferior en economías más estables (es decir, $u^{cn} < u^{dn}$) a causa de los efectos nocivos que la inflación causa sobre el potencial de crecimiento de la economía.

Dado que este mismo efecto de achatamiento de las curvas de indiferencia puede conseguirlo un gobierno adoptando la moneda de otro país con baja inflación o conformando un área monetaria con un banco central más creíble, esta representación gráfica pudiera extrapolarse para analizar la dinámica diferenciada entre un país que opta por la autonomía monetaria y la flexibilidad cambiaria, sin gozar de suficiente credibilidad, y otro país que opta por tomar prestada la credibilidad de la unión monetaria a la que se integra. De hecho, esta ha sido la motivación de casi todos los países que han optado por la dolarización o por la moneda común desde una posición de relativa debilidad. En efecto, una vía usual para incrementar la credibilidad, especialmente en países con mal record en materia inflacionaria, consiste en subordinar la política monetaria a la de otro banco central que tenga una alta reputación de estabilidad. Ello puede hacerse en la versión suave de atar la paridad de la moneda local a la moneda del país fuerte, o en la versión fuerte de adoptar la moneda de ese país como moneda de curso legal (dolarización) o conformar un área monetaria integrada alrededor de una nueva moneda común. De cualquiera de estas formas, el banco central del país con mal record inflacionario "toma prestada" la credibilidad del banco central de mejor reputación.

7. CONCLUSIÓN PRELIMINAR

A lo largo del capítulo hemos identificado los dos motivos principales que tienen los gobiernos para inflacionar la economía. El primero de ellos, el financiamiento monetario del déficit a través del impuesto del señoreaje, afecta especialmente a economías menos desarrolladas con sistemas impositivos deficientes. El segundo motivo responde al deseo de obtener ganancias de empleo a costa de inflacionar la economía. En ambos casos, la persistencia de la inflación, una vez desatada, se explica por el alto costo real que implica la reducción de la inflación en presencia de comportamientos de formación de precios basados en observaciones pasadas. En ambos casos también, la dinámica de acción y reacción de los agentes privados y del gobierno, que actúa guiado por expectativas racionales y por el deseo de minimizar pérdidas, se convierte en el principal motor de aceleración o desaceleración de la inflación.

Dado que la inflación solo logra efectos reales cuando es insuficientemente anticipada por los agentes económicos, el gobierno tiene el incentivo de engañarlos para obtener beneficios reales por la vía de la inflación sorpresiva. Este incentivo da origen al problema de la inconsistencia temporal de las políticas, que ha demostrado ser el "talón de Aquiles" de todo programa de estabilización de la inflación. El modelo teórico demuestra que un régimen monetario discrecional conduce a la economía a un equilibrio no-cooperativo, que es subóptimo en términos de la combinación de inflación y desempleo. El modelo demuestra también que la introducción de reglas o de ciertos arreglos institucionales puede atenuar el problema de la inconsistencia temporal, ya que esas disposiciones incrementan la reputación de las autoridades y refuerzan la credibilidad de su compromiso antiinflacionario. El equilibrio en un marco de reputación resulta ser más favorable en términos de la combinación de inflación y desempleo.

La clave del efecto beneficioso de las reglas reside en el hecho de que incrementan el costo político de su incumplimiento. Conocedores de este costo político, los agentes económicos privados tienen más motivos para creer en el anuncio del compromiso de las autoridades de controlar la inflación, lo cual ejerce un efecto moderador sobre sus expectativas a la hora de fijar los precios que regirán en cada nuevo periodo. Evidentemente, antes de adoptar un régimen basado en reglas, las autoridades evaluarán los posibles costos asociados con cada alternativa. Un régimen de engaño discrecional tiene el costo de desatar un proceso de inflaciones crecientes. Un régimen de reglas tiene el costo de renunciar al uso de la expansión monetaria para disminuir el desempleo. La decisión sobre elección de régimen estará determinada por la función de preferencias de las autoridades o, dicho en otros términos, por su función de pérdidas (costos), las cuales se busca minimizar.

En el siguiente capítulo procederemos a aplicar estas herramientas analíticas para analizar el impacto de diferentes regímenes cambiarios sobre el desempeño inflacionario de la economía. Hemos insistido en el papel del costo político como elemento crucial en la elección de régimen, porque esta será la piedra angular de la discusión teórica de los determinantes de la elección de régimen cambiario.

Segunda parte

ELECCIÓN DE RÉGIMEN PARA LA ESTABILIDAD

La integración monetaria –indiferentemente de si se persigue por la vía de la fijación cambiaria o de la conformación de un área monetaria común– necesita del enfoque y del instrumental de la economía política para ser entendida en sus determinantes y en sus consecuencias. Ha sido la frustración de la ciencia económica en el intento de llegar a acuerdos sobre los elementos económicos que determinan la elección de régimen cambiario-monetario la que ha estimulado el desarrollo de enfoques de economía política. Bajo este enfoque, el problema de la elección de régimen cambiario-monetario se aborda desde la perspectiva de los costos y beneficios que la sociedad percibe en función de los objetivos de empleo y de estabilidad de los precios. A diferencia de la literatura clásica del área monetaria óptima, que establece criterios normativos sobre el régimen cambiario "más conveniente" en función de las características estructurales de la economía y del tipo de perturbaciones o asimetrías a las que se ve sometida, este enfoque ofrece una teoría positiva del régimen cambiario-monetario, en el que las funciones de preferencia de la sociedad y la estrategia de minimización de costos por parte de los agentes económicos con expectativas racionales pasan a desempeñar el papel central. Por otra parte, desde que en los ochenta el clima de las ideas se inclinó hacia una mayor ponderación de la estabilidad nominal, la rigidez cambiaria y las reglas monetarias empiezan a ser reivindicadas como una herramienta eficaz para imponer la disciplina financiera.

VI

ECONOMÍA POLÍTICA DE LA ELECCIÓN DE RÉGIMEN CAMBIARIO-MONETARIO

Se trata ahora de resaltar la interacción entre factores económicos y factores políticos en la elección de régimen cambiario-monetario. En la primera sección se exponen argumentos teóricos y empíricos que justifican el planteamiento de la hipótesis de que consideraciones de costo político son centrales en la elección de régimen. En la segunda sección se desarrolla un modelo que nos permite comparar los valores de equilibrio de la inflación bajo diferentes regímenes cambiarios. Pasaremos luego a elaborar sobre la influencia de consideraciones electorales en la elección de régimen. Finalmente, efectuaremos una extensión del modelo para entender la importancia de la credibilidad y de la reputación en el éxito del esfuerzo estabilizador.

La principal conclusión a la que llega el modelo es que la conveniencia o no de la rigidez cambiaria (integración monetaria) dependerá de la combinación de factores que esté presente en un país, específicamente cuál sea, primero, el nivel relativo de perturbaciones o asimetrías a las que esté sometida la economía y, segundo, la estructura de preferencias políticas del gobierno (o de la sociedad) en el *trade-off* entre inflación y empleo / competitividad.

1. COSTO POLÍTICO Y ELECCIÓN DE RÉGIMEN: UN MODELO SIMPLE

En el enfoque convencional de la primera generación de pensamiento sobre elección de régimen, los objetivos de política eran simples "restricciones" dentro del modelo de optimización, sin llegar a constituir el eje nuclear de los procesos de elección de régimen. En el enfoque que aquí desarrollamos, necesitamos determinar la función objetivo de la política económica, ya que la decisión será muy distinta dependiendo de si al tipo de cambio se le asigna la tarea de estabilizar el nivel de empleo o de estabilizar el nivel de precios. Hace falta construir modelos explicativos de elección de régimen que se basen en las preferencias de las autoridades y en el costo político-económico del incumplimiento de los objetivos.

Históricamente se puede observar que los cambios de régimen han guardado relación con los cambios en las preferencias de las autoridades sobre inflación y empleo[56]. Con el propósito de incorporar tanto los aspectos dinámicos como las preferencias políticas, Flood, Bhandari y Horne (1989) desarrollan un modelo analítico que incorpora la variación en el tiempo de las perturbaciones y de los diferenciales de inflación como variables explicativas de los virajes en los regímenes cambiarios. En particular, el modelo incorpora los nexos entre la política de gasto público, las tasas de inflación y la elección de régimen cambiario. El gasto público es un objetivo de política que varía en el tiempo y que, en definitiva, refleja las preferencias de la autoridad en materia de inflación. Hay ciertos eventos, como, por ejemplo, conflictos bélicos, embargos petroleros, etcétera, que pueden determinar cambios de preferencias sobre la inflación, que no son homogéneos en todos los países. Estas dife-

---

[56] Sobre esta relación entre la evolución de regímenes cambiarios y los cambios de preferencias, véase Aghevli, Khan y Montiel (1991) para los países en vía de desarrollo y Bordo (1993b) para los países desarrollados.

rencias en las preferencias se manifiestan en diferenciales de inflación, que obligan eventualmente a virajes en el régimen cambiario. Es así como el incremento de la turbulencia inflacionaria a fines de los sesenta y principios de los setenta, por ejemplo, explica el abandono del sistema de Bretton Woods y la instauración de tasas de cambio flotantes. Otro hecho resaltante del mencionado estudio es que prácticamente en ninguno de los casos de sustitución de regímenes cambiarios las autoridades acostumbran a considerar el cambio como definitivo o de larga duración. Los virajes se justifican como respuestas a entornos económicos mutantes, que serán revertidos cuando las circunstancias retornen a su estado anterior. De hecho, reversiones de virajes han sido muy frecuentes en los países en vías de desarrollo.

En una línea parecida de argumentación, Grilli (1989) explica los cambios de régimen a través de cambios en la mezcla de objetivos del gobierno. A la hora de determinar la tasa de inflación, la autoridad monetaria se enfrenta a un trueque entre recaudación de ingresos a través del señoreaje y estabilidad del tipo de cambio. En períodos de normalidad fiscal, la renuncia al señoreaje y a favor de la estabilidad cambiaria no resulta costosa. Pero cuando se producen incrementos repentinos de las necesidades de gasto o incrementos en el costo de usar fuentes alternativas de recaudación fiscal, la optimización del bienestar puede requerir un uso más acentuado del señoreaje y un abandono del régimen de cambio fijo.

Adicionalmente a la influencia decisiva de las preferencias, en la vida real las autoridades toman en consideración para la elección de régimen el costo político que pudiera derivarse de una decisión fallida. Tanto la adopción de un régimen de cambio fijo como la de un régimen flexible tienen riesgo de fracasar. En el caso de un régimen *fijo*, el fracaso consiste en la incapacidad de sostener la tasa de cambio fijada oficialmente. Siendo el tipo de cambio un indicador altamente visible, el abandono del compromiso será interpretado como un fracaso de la autoridad económica, especialmente cuando se trata de una devaluación. Ello tiene un insoslayable costo político, el cual será tanto mayor cuanto más la opinión pública asocie devaluación de la moneda doméstica con debilitamiento económico frente a terceros países e, incluso, con desprestigio internacional. Por otra parte, los abandonos de una paridad fija suelen estar precedidos de una fase de tensión y turbulencia en los mercados financieros capaz de generar fuerte inestabilidad económica. Y cuando finalmente se produce la realineación de la tasa de cambio, esta suele ser de considerable magnitud para compensar el tiempo perdido y el daño previamente causado.

Ahora bien, la adopción de un régimen de cambio flexible acarrea también riesgos políticos. En primer lugar, permitir que el tipo de cambio recoja todo el peso de las perturbaciones y de las expectativas cambiantes puede conducir a gran inestabilidad en el mercado cambiario, la cual termina permeándose al resto de los mercados. Especialmente en economías más propensas a la volatilidad o sometidas a perturbaciones más intensas, el mercado cambiario puede llegar a desestabilizarse hasta el punto de que las autoridades económicas sean incapaces de moderar las fluctuaciones erráticas del tipo de cambio. En segundo lugar, el tipo de cambio flotante puede ubicarse en niveles muy alejados del tipo de cambio *objetivo*, es decir, aquel que sea cónsono con la posición de competitividad del país. Desalineaciones persistentes del tipo de cambio traen como consecuencia pérdida de empleos y destrucción de capacidades productivas. Y en tercer lugar, la flexibilidad cambiaria elimina el dique que obliga a los hacedores de política a cultivar la disciplina financiera. La consecuencia de ello puede ser pérdida de credibilidad de la política monetaria y brotes inflacionarios. Cualquiera de los tres eventos mencionados tiene un costo político.

Dado que la autoridad económica busca minimizar el costo relativo de cualquier decisión, la elección de régimen cambiario se hará en función de la comparación de costos esperados o percibidos entre adoptar un régimen fijo o un régimen flexible. Con el propósito de ejemplificar este criterio de decisión, se presenta a continuación un modelo muy simplificado de elección de régimen para el caso de que las autoridades tengan como objetivo de política minimizar desviaciones respecto de un tipo de cambio real objetivo[57].

La política económica apunta hacia un objetivo de tipo de cambio real, e^O, que preserve la competitividad externa del país:

$$(1) \qquad e^O = E^O \cdot (P^* / P)$$

donde E^O es el tipo de cambio nominal objetivo y P^* y P los niveles de precios internacionales y domésticos.

Un régimen de cambio fijo es percibido con un doble costo: un primer costo eminentemente político, derivado de la necesidad de abandonar el régimen cuando la tasa fija sea insostenible y otro de carácter predominantemente económico, derivado de la desalineación del tipo de cambio fijo respecto del tipo de cambio objetivo. Por lo tanto, los costos asociados a la adopción de un régimen de cambio fijo, R^{FJ}, son:

$$(2) \qquad R^{FJ} = R^{FJ} [D, \alpha (E^{FJ} - E^O)]$$

donde D es el costo político de tener que emprender una realineación, y $\alpha (E^{FJ} - E^O)$ es el costo asociado a la desalineación del tipo de cambio fijo E^{FJ} respecto del tipo de cambio objetivo.

---

[57] Versión simplificada del modelo utilizado por Collins (1994) para verificar empíricamente los determinantes de cambio de régimen en 24 países de América Latina.

En un régimen de cambio flexible se encuentra también presente este segundo costo de desalineación respecto del objetivo, pero adicionalmente existe el costo potencial de inestabilidad del mercado cambiario. Los costos asociados a la adopción de un régimen de cambio flexible, R^{FL}, son:

$$(3) \qquad R^{FL} = R^{FL} \left[\beta \left(E^{FL} - E^{FL}_{-1} \right), \alpha \left(E^{FL} - E^{O} \right) \right]$$

donde $\beta \left(E^{FL} - E^{FL}_{-1} \right)$ es el costo de las fluctuaciones (inestabilidad) del tipo de cambio flexible E^{FL}, y $\alpha \left(E^{FL} - E^{O} \right)$ el costo asociado a la desalineación del tipo de cambio flexible.

Tres son, por consiguiente, los costos a considerar en la elección de un régimen cambiario: costos de desalineación respecto del tipo de cambio objetivo, costos de abandono del tipo de cambio fijo y costos de desestabilización del mercado cambiario.

La regla de elección es simple: elige un régimen de cambio flexible, si el costo percibido de un régimen fijo es igual o mayor que el de un régimen flexible ($R^{FJ} > R^{FL}$). Y elige un régimen fijo, si el costo percibido de un régimen flexible es mayor que el de un régimen fijo ($R^{FJ} < R^{FL}$).

Si las autoridades perciben bajo costo político en caso de abandono del tipo de cambio fijo, bajo costo económico en caso de desviación del tipo de cambio respecto del objetivo y escasa capacidad para "gerenciar" un mercado cambiario fluctuante, entonces la decisión más probable será a favor de un régimen fijo. Pero si las autoridades perciben altos costos políticos derivados de realineaciones bruscas del tipo de cambio, alta probabilidad de que el tipo de cambio fijo se desvíe considerablemente del objetivo y una razonable capacidad de poder manejar las fluctuaciones del tipo de cambio, entonces sería más esperable la adopción de un régimen flexible.

Sobre la base de este enfoque de costos, Collins (1994) realiza una indagación empírica de los determinantes que explican la elección de régimen cambiario en 24 países latino-americanos desde 1978 hasta 1992. Con el fin de hacer empíricamente operativo el enfoque, la autora define los posibles factores que afectan a cada uno de los tres tipos de costos. En lo que se refiere al costo de desalineación del tipo de cambio respecto del objetivo, los factores determinantes serían el tamaño del déficit externo, la fortaleza del crecimiento económico, la magnitud del diferencial de inflación interna-externa, modificaciones en el tipo de cambio real de equilibrio y perturbaciones que afectan los términos de intercambio. La dificultad de manejar un mercado cambiario flotante estaría relacionada con el tamaño de la economía, el nivel de desarrollo del país (medido por el producto real per cápita), el grado de apertura, y el "clima de ideas" (moda intelectual) acerca de las bondades de la flexibilidad cambiaria. Se supone que países pequeños, poco desarrollados y poco abiertos tienen mercados financieros poco profundos, lo cual dificulta su manejo por parte de las autoridades. Y en lo referente al costo político de tener que abandonar una tasa de cambio fija, el estudio supone que ese costo se mantiene constante y es similar en todos los países.

El estudio arroja el resultado de que la elección de un régimen fijo es más probable en los casos de países pequeños, poco abiertos y con saldos positivos en sus cuentas externas. También se evidencia que países con tasas negativas de crecimiento económico son más proclives a la adopción de regímenes cambiarios rígidos. Igualmente se observa que países con niveles muy altos de inflación acostumbran a recurrir a esquemas de rigidez cambiaria como un mecanismo para reforzar la credibilidad de los programas de estabilización, mientras que países con inflación moderada o baja son candidatos más probables a la adopción de flexibilidad cambiaria.

Surgen, sin embargo, algunas diferencias de comportamiento cuando se analizan por separado los subperíodos 1978-1986 y 1987-1992. En el primer subperíodo, la correlación entre régimen de cambio fijo y tamaño económico pequeño, escasa apertura externa, desalineación del tipo de cambio y baja capacidad de manejo del mercado cambiario es estadísticamente más significativa. También es más significativa la relación entre régimen cambiario flexible y déficit en cuenta corriente, niveles moderados de inflación y clima de ideas más favorable a la flexibilidad. Pero en el subperíodo 1987 -1992 se debilita la correlación entre régimen cambiario rígido, alta inflación y tamaño económico pequeño, al tiempo que desaparece la correlación de la rigidez cambiaria con indicadores de desalineación del tipo de cambio o con el grado de apertura. Curiosamente, en este segundo subperíodo se evidencia una correlación más fuerte entre régimen cambiario fijo y bajas tasas de crecimiento económico. Pero sería temerario extraer la conclusión de que los regímenes cambiarios rígidos son los responsables del bajo desempeño económico. Una posible explicación del fenómeno observado es que el bajo crecimiento puede ser simplemente un indicador de ciertas características estructurales, omitidas en la indagación empírica, que están correlacionadas con una mayor dificultad para manejar y mantener un régimen flexible. Debido a esa dificultad, países con un desempeño económico poco satisfactorio tienen más probabilidad de elegir un régimen fijo.

Igualmente reveladores son los resultados del estudio empírico emprendido por Edwards (1996) que, en lo fundamental, ratifica la influencia determinante tanto del costo político del abandono del régimen fijo como de la capacidad para defender la paridad fijada. La muestra de Edwards se extiende por un período similar (1980-1992), pero es más amplia en el número de observaciones, ya que abarca 16 países desarrollados y 47 países en vías de desarrollo. La estabilidad política, medida por la frecuencia de los cambios de gobierno, su fortaleza parlamentaria y su cohesión interna, demuestra ser determinante para la elección de régimen, porque de ella depende el costo político del abandono de régimen fijo. Gobiernos más fuertes son más proclives a adoptar un régimen fijo, porque se sienten en mejor posición para enfrentar el costo político de una posible crisis cambiaria, mientras que gobiernos más inestables prefieren adoptar esquemas cambiarios flexibles, ya que tienden a aplicar una tasa de descuento más alta a sus criterios de decisión ("cortoplacismo"), lo cual compensa con creces el costo político de devaluar.

En lo que se refiere a la capacidad para mantener una paridad fija, cuanto más baja es esta capacidad, mayor es la probabilidad de que se adopte un régimen flexible. El estudio de Edwards vincula esa capacidad a un conjunto de factores como el grado de inercia inflacionaria, el crecimiento "retardado" del crédito doméstico, el nivel de reservas internacionales y la habilidad para imponer controles de capital. En la medida en que la inercia inflacionaria sea alta, el crédito doméstico tienda a crecer retardadamente y el nivel relativo de reservas sea bajo, la capacidad de la autoridad económica para defender un régimen fijo será menor. Ahora bien, esa capacidad de defensa de la paridad se incrementa cuando los países están en condiciones de implantar controles de capital relativamente eficaces, en cuyo caso la adopción de un régimen de cambio fijo se percibe como menos costosa. Finalmente, el estudio ratifica que países con un nivel más alto de desarrollo o con un mejor récord histórico de tasas de crecimiento están en mejores condiciones para adoptar regímenes flexibles de cambio.

2. Inflación de equilibrio bajo diferentes regímenes cambiarios

Más allá de los resultados específicos, con la mención de estos estudios nos interesaba destacar la estrecha relación existente entre factores económicos y factores políticos a la hora de elegir régimen cambiario. Las autoridades elegirán aquel régimen que les reporte el menor costo. Ello no debe interpretarse simplistamente como un mero cálculo de "oportunismo político". Todo gobierno es comisionado por sus electores para perseguir ciertos objetivos que no siempre son compatibles entre sí, razón por la cual pueden generarse costos "colaterales" en la aplicación de las políticas. Es responsabilidad del gobierno definir la mezcla óptima de objetivos y de políticas que minimice la pérdida global de bienestar.

A efectos de un análisis más riguroso del proceso de decisión necesitamos precisar primero los canales a través de los cuales se transmiten los desequilibrios en la esfera económica hacia costos en la esfera política. Son precisamente estos elementos los que las autoridades deberán tener en cuenta en su adopción de decisión. Dos son los principales canales de transmisión –vía costos– de problemas económicos a problemas políticos: la inflación y el desempleo. Como aquí estamos tratando el tema cambiario, ambos problemas los podemos traducir en sus equivalentes de devaluación y de pérdida de competitividad. Sin entrar en el complejo tema de la interrelación entre inflación y devaluación, está fuera de discusión que una inflación persistentemente más alta que la de los socios comerciales sin un mejoramiento compensatorio de la productividad termina desembocando en devaluación y que, a su vez, un proceso de devaluación de la moneda doméstica termina desestabilizando el nivel de precios internos. Igualmente, el proceso inverso de revaluar la moneda en términos reales termina afectando la capacidad del aparato productivo local de competir con el exterior, lo cual se traduce en pérdidas de empleo. Especialmente en economías abiertas, el fenómeno del desempleo está íntimamente ligado con la competitividad externa.

Cuando se trata de decidir rumbos, los hacedores de política se inclinarán por opciones que generen el menor costo en términos de inflación y de desempleo (o de devaluación y pérdida de competitividad). Nos encontramos, por consiguiente, frente al mismo problema de optimización que constituye el corazón de la teoría positiva de la inflación que exponíamos en el capítulo anterior. La política económica, en general, y la elección de régimen cambiario-monetario, en particular, se rigen por el propósito de minimizar el costo de cada decisión en términos de inflación y pérdida de competitividad. La complejidad del problema proviene del hecho de que existe un *trade-off* (trueque) o contradicción entre ambos objetivos, ya que una ganancia de competitividad por la vía de devaluación de la moneda implica un mayor costo en términos de inflación, a la vez que una reducción de la inflación suele estar asociada con apreciación del tipo de cambio real y pérdida de competitividad.

Nos proponemos a continuación desarrollar en mayor detalle un modelo teórico, que nos permita analizar los diferentes impactos inflacionarios que se derivan de diferentes esquemas cambiarios. La teoría positiva de la inflación ha demostrado fehacientemente que la credibilidad del compromiso anti-inflacionario de la autoridad afecta de manera decisiva el nivel de inflación. Quisiéramos comprobar aquí también cómo afecta el factor credibilidad el desempeño inflacionario de un esquema cambiario u otro.

2.1 Ecuaciones de comportamiento

El modelo supone una economía abierta y pequeña, compuesta de dos sectores productivos, el sector transable (T) y el sector no transable (N)[58]. La economía está expuesta a perturbaciones exógenas por el lado de la demanda. El país se comporta como un tomador de precios, de tal forma que los precios en moneda extranjera de los bienes transables están determinados por el nivel de precios del mercado mundial. La fijación inicial de precios en el sector no transable se realiza previamente a la fijación del tipo de cambio por parte de las autoridades, pero los agentes económicos se involucran luego en un juego estratégico contra la autoridad económica, una vez que esta ha decidido sacarle provecho a la fijación inicial de precios recurriendo a la devaluación inesperada de la moneda doméstica para mejorar la posición competitiva del país. Este juego genera una "inclinación devaluacionista", similar a la propensión inflacionaria que se deriva del fenómeno de la "inconsistencia temporal" de las políticas, que solo puede ser superada mediante el reforzamiento de la credibilidad de la autoridad económica.

La tasa doméstica de inflación (π) resulta de la combinación de la tasa de inflación en el sector no transable (π_N) y en el sector transable (π_T); esta última viene determinada por la suma de la inflación externa (π^*_T) más la tasa de devaluación de la moneda doméstica (ε).

$$(4) \qquad \pi = \delta\,\pi_N + (1 - \delta)\,(\pi^*_T + \varepsilon) \qquad \text{con } 0 < \delta < 1$$

---

[58] El desarrollo teórico subsiguiente toma como punto de partida el modelo elaborado por Agenor (1994a), que aquí es reformulado y ampliado para los fines de nuestro análisis comparativo del desempeño inflacionario de los diferentes regímenes cambiarios. La estructura básica del modelo es similar a la desarrollada por otros autores que utilizan el mismo enfoque de la inconsistencia temporal de las políticas y del juego interactivo de expectativas racionales. Aquí incorporamos de forma explícita el papel del factor credibilidad en la elección de régimen cambiario.

donde δ es la proporción de los bienes no transables dentro del producto nacional y $(1-\delta)$ la proporción de los transables, que representa el grado de apertura externa de la economía. A menor δ, mayor es la exposición de la economía a la competencia externa y a la inflación importada.

El gobierno (g) está interesado simultáneamente en preservar la competitividad de la economía y en mantener a raya la inflación. Al objetivo de competitividad se le asigna un peso de α y al objetivo de inflación un peso de λ. La competitividad se ve afectada por la desalineación del tipo de cambio real, la cual es función de la diferencia entre el objetivo de devaluación nominal (ε^O) y la devaluación nominal actual (ε), ajustada por el diferencial de inflación de los bienes transables respecto de los no transables ($\pi^*_T - \pi_N$). La política gubernamental está guiada por el deseo de minimizar las pérdidas, lo cual se traduce en minimizar la desalineación del tipo de cambio real y, al mismo tiempo, reducir al máximo la inflación. La función de pérdidas del gobierno (P^g) será:

$$(5) \quad P^g = \alpha \left[(\varepsilon^O - \varepsilon) - (\pi^*_T - \pi_N) \right] + \lambda\, \pi^2/2 \quad \text{con } \alpha, \lambda \geq 0$$

El primer término de la ecuación de pérdida del gobierno es una medida de la posible pérdida de competitividad de la economía, ponderada por el peso α que el gobierno le asigna a este objetivo. La pérdida de competitividad se expresa como la brecha entre el objetivo de devaluación nominal y la devaluación que resulte, ajustada por el diferencial de inflación con el exterior. El segundo término representa el costo de la inflación, ponderado por el peso λ que el gobierno le asigna a ese fenómeno.

Por su parte, los agentes del sector privado no transable (p) tratan de proteger su posición relativa de precios frente al sector transable, para lo cual fijan sus precios en función de la inflación del sector transable y de la expectativa de devaluación del tipo de cambio nominal ($\pi^*_T + \varepsilon$). Al mismo tiempo, esos agentes deben responder frente a perturbaciones exógenas de demanda (d_N), que ocurren al inicio del período, con un coeficiente Ω de afectación. Su objetivo es también minimizar las pérdidas que se derivan del empeoramiento de los precios relativos y de las perturbaciones exógenas. La función de pérdida del sector privado no transable (P^p) será:

(6) $\qquad P^p = [\pi_N - (\pi^*_T + \varepsilon) - \Omega\, d_N]\, /2 \qquad \text{con } 0 \le \Omega \le 1$

donde el primer término de la ecuación expresa la posible pérdida de competitividad del sector privado no transable que se deriva del diferencial de inflación con el exterior, el cual termina socavando la competitividad. Y el segundo término refleja el costo de las perturbaciones exógenas.

El primer paso del análisis consiste en dilucidar el patrón de comportamiento de cada uno de los dos agentes por separado. Cada uno intentará optimizar el uso de la variable que está a su alcance. La variable instrumental del gobierno para lograr su objetivo de minimizar pérdidas (es decir, lograr que $P^g = 0$) es la tasa de ajuste del tipo de cambio nominal, la cual es fijada después de que los agentes no transables han establecido sus precios. Suponiendo, para simplificar, que no hay inflación externa ($\pi^*_T = 0$) y sustituyendo la ecuación (4) en (5), obtenemos que la *tasa óptima de devaluación nominal será*:

(7) $\qquad \varepsilon = [\delta\, /\, (1 - \delta)\,]\, [\alpha\, /\, \lambda\delta\, (1 - \delta)\, \pi_N]$
$\qquad\qquad = A - B\pi_N$

donde: $\qquad A = (\alpha/\lambda)\, [1/\, (1 - \delta)^2]$
$\qquad\qquad\quad B = \delta\, /\, (1 - \delta)$

El primer término de la ecuación, *A*, revela que la tasa de devaluación será mayor, cuanto mayor sea el peso asignado al logro de la competitividad en relación con el peso otorgado a la lucha contra la inflación (α/λ) y cuanto menor sea la apertura de la economía (1-δ). El segundo término, $B\pi_N$, indica que al gobierno le reporta menos beneficio la devaluación cuando la economía es más cerrada (mayor δ) y mayor es la tasa de inflación fijada por los agentes no transables.

La variable instrumental al alcance de los agentes no transables para minimizar sus pérdidas (P^e = 0) es la fijación *ex ante* del nivel de precios de los bienes no transables. De la ecuación (6) se deriva que *la tasa óptima de inflación en el sector no transable* es la que logra compensar el efecto de las perturbaciones de demanda y de la devaluación esperada:

$$(8) \qquad \pi_N = \Omega\ d_N + \varepsilon^e$$

En la medida en que las perturbaciones iniciales de demanda sean mayores y peor sea el historial devaluacionista del gobierno, mayor será la tasa de inflación de los bienes no transables.

2.2 Equilibrio en un régimen flexible discrecional

Teniendo en cuenta estas ecuaciones que describen el comportamiento del gobierno y de los agentes del sector no transable, interesa dilucidar en un segundo paso cuáles serían las *tasas de equilibrio* de devaluación nominal y de inflación del sector no transable (recuérdese que seguimos trabajando con el supuesto de que los precios de los bienes transables son fijados en el mercado internacional y que la inflación externa es cero). Dado que tanto el gobierno como los agentes privados interactúan dentro de una misma economía, ninguno es capaz de obtener su tasa óptima independientemente del otro, puesto que ambos deben encontrar una solución de equilibrio. En un tercer paso, de las tasas de equilibrio de cada una de las dos variables instrumentales se derivará una tasa de inflación de equilibrio para la economía en su conjunto y una función de pérdida para cada uno de los agentes actuantes.

Ahora bien, el punto central del análisis reside en observar las diferencias en el resultado final de inflación y de devaluación que se producen bajo diferentes hipótesis de comportamiento del gobierno, las cuales, a su vez, generan reacciones diferentes por parte de los agentes privados. En concreto queremos comparar la inflación resultante para cada uno de los siguientes tres patrones de comportamiento gubernamental: discrecional, compromiso creíble y engaño. Cada patrón de comportamiento se corresponde con un tipo de régimen cambiario: el comportamiento discrecional con un régimen de cambio flexible, el compromiso creíble con un régimen de cambio fijo y el comportamiento engañoso con un abandono del régimen fijo. De esta forma podremos establecer un nexo teórico entre régimen cambiario y comportamiento de la inflación.

Para el caso de que el gobierno establezca la tasa de devaluación nominal de forma *discrecional*, sin ninguna regla ni compromiso, y los agentes privados actúen en conocimiento previo de ello, el juego terminará en un equilibrio sub-óptimo (no-cooperativo) tipo Nash. Resolviendo simultáneamente las ecuaciones (7) y (8), obtenemos los siguientes valores de equilibrio para la tasa de inflación no transable y para la tasa de ajuste del tipo de cambio nominal (el superíndice d significa "discrecional").

(9) $$\pi_N{}^d = (\alpha/\lambda)\,[1/(1 - \delta)] + (1 - \delta)\,\Omega\,d_N$$
$$= (1 - \delta)\,(A + \Omega\,d_N) \geq 0$$

$$(10) \qquad \varepsilon^d = (\alpha/\lambda)\,[1/(1 - \delta)] - \delta\,\Omega\,d_N$$
$$= (1 - \delta)\,(A - B\,\Omega\,d_N)$$

Tanto la tasa de inflación de los no transables como la tasa de ajuste del tipo de cambio nominal están positivamente correlacionadas con el peso relativo asignado al logro de la competitividad en la función de pérdida del gobierno (α/λ). A mayor importancia del objetivo de competitividad, mayor será la inflación de los no transables y la tasa de devaluación. El incremento del grado de apertura tiene un efecto contrapuesto sobre la tasa de inflación en el sector no transable y sobre la tasa de devaluación. El impacto neto dependerá de la intensidad relativa del factor de perturbaciones ($\Omega\,d_N$) frente al componente de preferencias de política (α/λ). Si el primero pesa mucho, probablemente π_N^d y ε^d se incrementarán con el aumento de la apertura. Pero si las perturbaciones son moderadas o inexistentes, la mayor apertura reduce las tasas de equilibrio tanto de la inflación en el sector no transable como de la devaluación, ya que los agentes del sector no transable esperarán una menor tasa de devaluación. En efecto, con el incremento de la apertura al gobierno le resulta cada vez más costoso en términos de inflación ganar competitividad a base de devaluación.

Respecto del impacto de las perturbaciones de demanda, se evidencia que la tasa de inflación de los no transables se incrementa con la intensidad de las perturbaciones, en un todo cónsono con las ecuaciones (6) y (8) de comportamiento de los agentes privados del sector no transable. No está definido, sin embargo, el impacto de las perturbaciones de demanda sobre la tasa de devaluación. Que la tasa de ajuste del tipo de cambio nominal sea positiva (devaluación) o negativa (revaluación) dependerá de la importancia relativa del objetivo de competitividad y del objetivo de inflación en la función de pérdida del gobierno. Si el objetivo antiinflacionario es preferido por sobre

el objetivo de competitividad (alta α y baja λ) o si la perturbación es intensa, puede suceder que la política gubernamental
óptima exija una revaluación del tipo de cambio. En el supuesto
simplificador de que no se produzcan perturbaciones exógenas
($d_N = 0$), la política discrecional óptima conduce siempre a tasas
positivas e iguales de inflación y de devaluación. En este caso,
las tasas de inflación y de devaluación decrecen con el grado de
apertura y se incrementan con la preferencia por el objetivo de
competitividad.

Finalmente, las *soluciones de equilibrio* para la tasa de inflación
global de la economía y para la función de pérdida del gobierno
bajo un régimen de cambio flexible discrecional se obtienen
sustituyendo (9) y (10) en (4), (5) y (6) y resolviendo
simultáneamente:

(11) $\quad \pi^d = (\alpha/\lambda)\,[1/(1-\delta)] > 0$
$\qquad\qquad = (1-\delta)\,A$

(12) $\quad P^{gd} = \alpha\,(\Omega\,d_N + \varepsilon^O) + \lambda\,[(1-\delta)\,A]^2/2$

La inflación global de equilibrio en un régimen flexible
discrecional, π^d, resulta ser igual a las tasas de inflación no
transable y de devaluación en ausencia de perturbaciones (ver
ecuaciones 9 y 10). El régimen discrecional tiene una clara
propensión inflacionaria, ya que la tasa de inflación es siempre
positiva e independiente de las perturbaciones de demanda,
creciente con el peso relativo asignado al objetivo de competitividad (α/λ) y decreciente con el grado de apertura. Es siempre
positiva porque la autoridad económica siempre tendría incentivo de devaluar más, si la inflación fuera cero. Es independiente
de las perturbaciones porque estas tienen un doble efecto
contrapuesto, que se neutraliza. Por un lado, las perturbaciones
son incorporadas en la fijación de los precios de los no

transables, pero, por otro lado, el gobierno las toma en cuenta para moderar la tasa de devaluación. En conclusión, la inflación en este régimen flexible discrecional tiene "vida propia" al margen de impulsos exógenos.

La pérdida del gobierno, P^{gd}, está determinada por la magnitud y el signo de las perturbaciones de demanda, así como por el objetivo de devaluación. El gobierno no es capaz de obtener ganancias de competitividad por la vía devaluacionista, ya que la fijación de precios por parte de los agentes no transables es realizada de acuerdo con la devaluación y se transmite al índice global de precios de la economía. Únicamente si la perturbación de demanda es de signo suficientemente negativo (es decir, si el impulso exógeno estimula la demanda), puede darse el caso de que sea posible compensar el costo de la inflación con ganancia de competitividad.

2.3 Equilibrio en el caso de compromiso creíble

Analicemos ahora el caso de que el gobierno anuncie la intención de mantener fijo el tipo de cambio y ese anuncio sea creíble. En la vida real, esta situación se presenta después de que períodos de abuso discrecional del tipo de cambio han sumido a la economía en una espiral de devaluación, inflación y empeoramiento de las expectativas de los agentes privados. La comprensión por parte del gobierno de que cada vez necesita recurrir a mayor devaluación para conseguir ganancias de competitividad cada vez menores y que el resultado final es simplemente mayor inflación sin aumento del empleo, es la motivación detrás de la promesa de no utilizar más el mecanismo de ajustes del tipo de cambio como herramienta de política económica. Si el descalabro inflacionario previo ha sido suficientemente serio y el gobierno está plenamente convencido de la necesidad del programa de estabilización, es muy probable que esté dispuesto a implantar mecanismos institucionales o de otro tipo que le confieran credibilidad al anuncio de un régimen de cambio fijo. La misma colectividad respaldará estos mecanismos a la luz del fracaso de políticas discrecionales anteriores. Lo importante es que el compromiso sea creíble para los fijadores de precios del sector no transable. En ese caso, los agentes privados no tendrán expectativas de devaluación ($\varepsilon^e = 0$) y, de acuerdo con la ecuación (8) de fijación de precios en el sector no transable, la tasa de inflación de los no transables depende exclusivamente de las perturbaciones exógenas:

$$(13) \qquad \pi^c_N = \Omega \, d_N$$

(donde el superíndice c identifica el equilibrio de compromiso creíble).

Sustituyendo (13) y $\varepsilon = 0$ en las ecuaciones (4) y (5), obtenemos las soluciones de equilibrio para la inflación global y para la función de pérdida del gobierno en el contexto de un régimen creíble de cambio fijo:

$$(14) \qquad \pi^c = \delta \, \Omega \, d_N$$

$$(15) \qquad P^{gc} = \alpha \, (\Omega \, d_N + \varepsilon^O) + \lambda \, [\delta \, \Omega \, d_N]^2/2$$

Tanto la inflación global como las pérdidas del gobierno dependerán también exclusivamente de la magnitud y del signo de las perturbaciones exógenas de demanda. La inflación global será simplemente un reflejo del impacto de las perturbaciones sobre el sector no transable, en proporción al peso de este dentro del total de la economía (δ). En el caso de no existir perturbaciones ($d_N = 0$), la tasa de inflación será cero y la pérdida del gobierno se limitará a la pérdida de competitividad vinculada con la fijación del objetivo de tipo de cambio nominal:

(14a) $\qquad \pi^c \mid_{d=0} = 0$

(15a) $\qquad P^{gc} \mid_{d=0} = \alpha \, \varepsilon^O$

Una primera comparación somera de las soluciones de equilibrio en el caso de un régimen de cambio flexible discrecional y en el caso de un régimen fijo creíble, revela que la inflación discrecional (π^d) será más alta que la inflación con compromiso creíble (π^c) para el caso de no existir perturbaciones exógenas. Aun cuando no se evidencia directamente de la comparación de las ecuaciones (11) y (14), es válido presumir que, para un mismo nivel de perturbación, la inflación discrecional también será más alta. Similar relación favorable se observa comparando las pérdidas del gobierno en ambos escenarios de régimen cambiario.

2.4 Equilibrio en el caso de abandono inesperado del régimen fijo

Aunque el régimen de tipo de cambio fijo arroja en el equilibrio final una inflación menor que el régimen flexible discrecional, durante el proceso de acción y reacción el gobierno tiene la posibilidad de engañar a los agentes privados, una vez que estos han definido su objetivo de fijación de precios en el sector no transable. Después de que el gobierno anuncia su intención de mantener fijo el tipo de cambio y de que los agentes privados han dado por creíble ese anuncio, estos fijan sus precios de acuerdo con la expectativa de cero devaluación. Cuando esto ya ha ocurrido, el gobierno se percata de que puede "engañar" a los agentes privados y generar una devaluación sorpresiva que mejore la competitividad del país. Lo atractivo del engaño reside en que la mejoría de la competitividad se logra con un bajo costo en inflación, ya que la devaluación no es esperada y los precios de los no transables ya han sido formados previamente a la devaluación. El gobierno tiene, por consiguiente, un poderoso incentivo para renegar de su compromiso de cambio fijo.

Al menos en el primer episodio del juego estratégico, la decisión "óptima" del gobierno, una vez fijados los precios de los no transables, es abandonar el tipo de cambio fijo y proceder a devaluar. Lo que simplistamente pudiera parecer una inconsistencia del gobierno en el cumplimiento de sus promesas, resulta ser perfectamente consistente dentro de un marco más complejo de optimización dinámica[59]. En ulteriores episodios, cuando los agentes privados hayan modificado sus expectativas de devaluación, se llega a un punto en el que la devaluación adicional no reporta ya ningún beneficio neto para el gobierno, pero aquí estamos analizando la primera fase del juego.

En este primer episodio, los agentes privados todavía creen en el anuncio oficial de un régimen de cambio fijo, de forma tal que no esperan una devaluación ($\varepsilon^e = 0$) y fijan sus precios en concordancia con ello. Por lo tanto, la tasa de inflación de los no transables será la misma que en el caso del compromiso creíble de cambio fijo:

$$(16) \qquad \pi^{en}_N = \Omega \, d_N$$

(donde el superíndice *en* identifica el equilibrio en el caso de engaño).

---

[59] De Kock y Grilli (1993) construyen también un modelo que permite reconciliar la racionalidad del compromiso de un tipo de cambio fijo con su posterior incumplimiento. Más que interpretar los cambios o abandonos de régimen como producto de la incompatibilidad de las políticas monetarias y cambiarias, los cambios de régimen son vistos como respuestas óptimas de política dentro de un complejo marco de decisiones, en el que la autoridad económica debe renegar de su compromiso con el fin de hacerle frente a necesidades fiscales justificadas o choques externos.

Sustituyendo (16) en (7) obtenemos la tasa óptima de devaluación sorpresiva, la cual es superior a la devaluación discrecional, porque el gobierno no necesita ocuparse en este primer episodio del juego de la reacción de los agentes del sector no transable:

(17) $\varepsilon^{en} = (\alpha/\lambda) [1/(1 - \delta)^2] - [\delta / (1 - \delta)] \Omega\, d_N$
        $= A - B\, \Omega\, d_N$

Sustituyendo (16) y (17) en (4), (5) y (6) y resolviendo simultáneamente, obtenemos los valores de equilibrio de la inflación global y de la función que minimiza las pérdidas del gobierno.

(18) $\pi^{en} = (1 - \delta)\, A$

(19) $P^{gen} = -\alpha [A - \Omega\, d_N /(1 - \delta) - \varepsilon^O] + \lambda [(1 - \delta)\, A]^2/2$

La inflación global de equilibrio en el caso de abandono engañoso del cambio fijo resulta ser igual a la inflación en el caso de régimen cambiario flexible discrecional, lo cual concuerda con la sabiduría convencional. La pérdida del gobierno se ve atenuada por la falta de reacción de los agentes del sector no transable frente a la inesperada devaluación, lo cual permite reducir la pérdida de competitividad para un mismo nivel de inflación.

2.5 Comparación de valores de equilibrio

Ahora bien, el punto clave a dilucidar es si las pérdidas del gobierno son menores o mayores en el caso de la estrategia de engaño. De ello dependerá el incentivo que tenga el gobierno para abandonar el compromiso del régimen de cambio fijo. Si el incentivo es alto, ello socavará la credibilidad del compromiso. Otro aspecto sustantivo a discutir es el desempeño de cada uno de los regímenes en materia de inflación y devaluación. Para facilitar el análisis comparativo de los tres regímenes, hemos elaborado unas tablas en las que se han vaciado los valores de equilibrio de la inflación, la devaluación y las pérdidas del gobierno en cada escenario.

CUADRO VI.1

Valores de equilibrio según régimen cambiario

1. Inflación de no transables (π_N)	
Régimen discrecional	$(1 - \delta)(A + \Omega\, d_N)$
Régimen de compromiso creíble	$\Omega\, d_N$
Régimen de engaño	$\Omega\, d_N$
2. Tasa de devaluación (ε)	
Régimen discrecional	$(1 - \delta)(A - B\Omega\, d_N)$
Régimen de compromiso creíble	$\varepsilon = 0$
Régimen de engaño	$(1 - \delta)\, A$
3. Inflación general (π)	
Régimen discrecional	$(1 - \delta)\, A$
Régimen de compromiso creíble	$\delta\, \Omega\, d_N$
Régimen de engaño	$(1 - \delta)\, A$
4. Pérdida del gobierno (P^g)	
Régimen discrecional	$\alpha\,(\Omega\, d_N + \varepsilon^o) + \lambda\,[(1 - \delta)\, A]^2 / 2$
Régimen de compromiso creíble	$\alpha\,(\Omega\, d_N + \varepsilon^o) + \lambda\,(\delta\, \Omega\, d_N)^2 / 2$
Régimen de engaño	$-\alpha\,[A - \Omega\, d_N /(1 - \delta) - \varepsilon^o]$ $+ \lambda\,[(1 - \delta)A]^2 / 2$

La comparación de valores de equilibrio en el cuadro VI.1 nos permitirá evaluar el desempeño de cada régimen. La tabla muestra el valor de equilibrio de cada una de las cuatro variables clave (inflación en el sector no transable, tasa de devaluación, inflación general y pérdida del gobierno) en cada de los tres regímenes tipo (discrecional, compromiso creíble, engaño). El propósito de la tabla es simplemente ordenar en una sola vista los resultados que hemos venido mostrando en las secciones anteriores, sin añadir información nueva.

Más que los valores absolutos en sí, lo que nos interesa es poder comparar los méritos relativos de cada régimen en función del desempeño de cada una de estas variables a lo largo del espectro de los tres regímenes. La comparación, sin embargo, se hace algo compleja porque el valor de las variables clave dependerá de un factor contingente, concretamente del nivel de perturbaciones al que esté sometida una economía (Ω d_N). Adicionalmente, el impacto de las perturbaciones será distinto dependiendo de cuál sea la estructura de preferencias en cuanto al peso relativo que las autoridades le confieren al objetivo de la competitividad (empleo) por sobre el objetivo de la inflación (devaluación) (α/λ). Para simplificar esta complejidad hemos definido tres escenarios contingentes de perturbaciones: un primer escenario de ausencia de perturbaciones ($d_N = 0$), un segundo escenario de perturbaciones moderadas en el que las perturbaciones son relativamente menores que la preferencia del gobierno por el empleo ($C\Omega d_N < \alpha/\lambda$) y un tercero de perturbaciones intensas en el que estas sean mayores que esa preferencia ($C\Omega d_N < \alpha/\lambda$). Los resultados de las comparaciones han sido resumidos en el cuadro VI.2.

Cuadro VI.2
Comparación de desempeño de regímenes cambiarios según
nivel de perturbaciones

1. Inflación de no transables (π_N)	
Ausencia de perturbaciones ($\Omega\ d_N = 0$)	$\pi_N{}^c = \pi_N{}^{en} < \pi_N{}^d$
Perturbaciones moderadas ($C\Omega d_N < \alpha/\lambda$)	$\pi_N{}^c = \pi_N{}^{en} < \pi_N{}^d$
Perturbaciones intensas ($C\Omega d_N > \alpha/\lambda$)	$\pi_N{}^d < \pi_N{}^c < \pi_N{}^{en}$
2. Tasa de devaluación (ε)	
Ausencia de perturbaciones ($\Omega\ d_N = 0$)	$\varepsilon^c < \varepsilon^d < \varepsilon^{en}$
Perturbaciones moderadas ($C\Omega d_N < \alpha/\lambda$)	$\varepsilon^c < \varepsilon^d < \varepsilon^{en}$
Perturbaciones intensas ($C\Omega d_N > \alpha/\lambda$)	$\varepsilon^c < \varepsilon^d < \varepsilon^{en}$
3. Inflación general (π)	
Ausencia de perturbaciones ($\Omega\ d_N = 0$)	$\pi^c < \pi^d = \pi^{en}$
Perturbaciones moderadas ($C\Omega d_N < \alpha/\lambda$)	$\pi^c < \pi^d = \pi^{en}$
Perturbaciones intensas ($C\Omega d_N > \alpha/\lambda$)	$\pi^d = \pi^{en} < \pi^c$
4. Pérdida del gobierno (P^g)	
Ausencia de perturbaciones ($\Omega\ d_N = 0$)	$P^{gen} < P^{gc} < P^{gd}$
Perturbaciones moderadas ($C\Omega d_N < \alpha/\lambda$)	$P^{gc} < P^{gen} < P^{gd}$
Perturbaciones intensas ($C\Omega d_N > \alpha/\lambda$)	$P^{gd} < P^{gen} < P^{gc}$

1) *Inflación de no transables*

En ausencia de perturbaciones, la *tasa de inflación del sector no transable* será cero en los regímenes fijo y de engaño, mientras que será siempre positiva en el caso de flexibilidad discrecional, al reflejar el comportamiento de los agentes privados de fijar sus precios sobre la base de la expectativa de devaluación, ya que solo en este escenario está presente desde el principio del juego la expectativa de devaluación. Por consiguiente:

$$\pi_N^f = \pi_N^{en} = 0 < \pi_N^d \qquad \text{para } d_N = 0$$

No unívoca es la relación cuando están presentes perturbaciones de demanda. Puede comprobarse algebraicamente que las tasas de inflación del sector no transable en el régimen fijo creíble y en el régimen de engaño ya no serán cero, pero serán menores que la tasa del régimen flexible discrecional, si el peso relativo asignado al objetivo de competitividad externa por sobre el objetivo de inflación (α/λ) es mayor que el impacto de la perturbación[60].

$$\pi_N^f = \pi_N^{en} < \pi_N^d \qquad \text{para } d_N \neq 0 \text{ y } C\,\Omega d_N < (\alpha/\lambda),$$

donde $C = \delta (1 - \delta)$

Esta es una constelación esperable, puesto que el impacto de la perturbación es atenuado por el efecto combinado del coeficiente de elasticidad (Ω), del peso del sector no transable (δ) y del grado de apertura $(1 - \delta)$, siendo $0 \leq \Omega \leq 1$ y $0 < \delta < 1$. La explicación económica de este resultado es que los agentes no transables conocen la función de preferencia de las autoridades y

---

[60] La derivación de esta relación es como sigue:

$\pi_N^c < \pi_N^d$, si $(1 - \delta)(A + \Omega d_N) > \Omega d_N$

$[(1 - \delta)A + (1 - \delta)\Omega d_N] > \Omega d_N$

$(1 - \delta)A > \delta\,\Omega d_N$

$(\alpha/\lambda)[1/(1 - \delta)] > \delta\,\Omega d_N$

$(\alpha/\lambda) > C\,\Omega d_N,$ \qquad donde $C = \delta(1 - \delta)$

esperan que estas reaccionen frente a la perturbación con una mayor devaluación para no perder competitividad externa.

Ahora bien, cuando el peso relativo otorgado al objetivo de reducir la inflación, λ, es alto y/o la perturbación es intensa (es decir, $C \, \Omega \, d_N > (\alpha/\lambda)$), en ese caso la inflación no transable resultante del régimen discrecional será menor que la de los otros dos regímenes, ya que no solo los agentes no transables esperarán *ex ante* una devaluación menor, sino que también el gobierno moderará su deseo devaluacionista. Por lo tanto:

$$\pi_N^d < \pi_N^f < \pi_N^{en} \qquad\qquad \text{para } C \, \Omega \, d_N > (\alpha/\lambda),$$

donde $C = \delta \, (1 - \delta)$

2) *Tasa de devaluación*

La menor tasa de devaluación se experimenta lógicamente en el régimen fijo con compromiso creíble y la mayor tasa se observa en el régimen de engaño. Ello es así porque, de acuerdo con la racionalidad del proceso de optimización por parte del gobierno, este conoce que los agentes no transables no esperan el engaño, razón por la cual el margen para devaluar es mayor que en el escenario discrecional. En este último escenario, el gobierno debe moderar su afán devaluacionista en proporción al peso relativo del sector no transable (δ), ya que este incorpora la devaluación esperada en la fijación inicial de sus precios. De esta forma:

$$\varepsilon^c = 0 < \varepsilon^d < \varepsilon^{en}$$

lo cual es válido para cualquiera de los tres escenarios de perturbaciones.

GRÁFICO VI.1
Equilibrio bajo diferentes regímenes

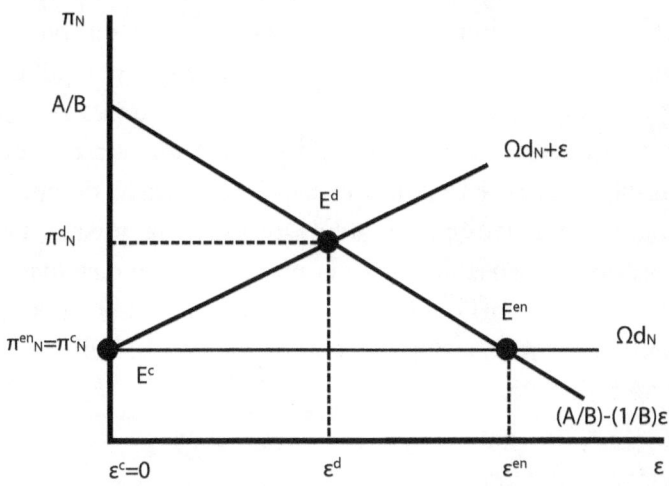

En el gráfico VI.1 pueden compararse los niveles de equilibrio de la inflación en el sector no transable y de la devaluación en cada uno de los tres regímenes para el caso de que las perturbaciones de demanda sean moderadas en relación con el peso asignado al objetivo de competitividad (es decir, $C\Omega d_N < \alpha/\lambda$). La línea $\Omega d_N + \varepsilon$ grafica la función de reacción de los agentes privados para la fijación de los precios del sector no transable bajo el régimen de flexibilidad discrecional. Tiene inclinación positiva, porque los precios de los no transables se fijan en función de la devaluación esperada. La línea Ωd_N grafica la misma función de reacción bajo los regímenes de cambio fijo creíble y de abandono con engaño del cambio fijo y es horizontal porque la devaluación esperada es cero. La línea $(A/B) - (1/B)\varepsilon$ grafica la función de reacción del gobierno a la hora de establecer la tasa de devaluación óptima y tiene pendiente negativa, porque a mayor nivel de precios no transables fijados por los agentes privados, menor es el margen del que dispone el gobierno para ganar competitividad mediante la devaluación.

Los puntos de equilibrio se obtienen en la conjunción de las funciones de reacción del sector privado no transable con la función de reacción del gobierno. Así vemos que el equilibrio en un régimen de cambio fijo creíble (E^c) se caracteriza por arrojar la menor inflación de no transables y la menor tasa de devaluación (igual a cero). El equilibrio bajo un régimen de abandono con engaño del cambio fijo (E^{en}) produce la misma tasa de inflación de no transables, pero la mayor tasa de devaluación de los tres regímenes. El equilibrio discrecional (E^d) arroja una tasa de devaluación intermedia, pero la mayor tasa de inflación en el sector no transable.

3) Inflación global

Pasemos a comparar la *inflación global* en cada uno de los regímenes. Nuevamente, los resultados varían según sea la intensidad de las perturbaciones y la preferencia de las autoridades. En ausencia de perturbaciones, la tasa de inflación global es cero en el régimen fijo creíble, mientras que es siempre positiva e igual en los regímenes discrecionales y de engaño.

$$\pi^c = 0 < \pi^d = \pi^{en} \qquad\qquad \text{para } d_N = 0$$

De existir perturbaciones, pueden presentarse dos situaciones. Si el impacto de la perturbación es inferior al peso relativo del objetivo de competitividad, α/λ, entonces la inflación de equilibrio en el régimen fijo creíble, sin ser cero, también será menor que en los otros dos regímenes, es decir:

$$\pi^c < \pi^d = \pi^{en} \qquad\qquad \text{para } C\,\Omega d_N < \alpha/\lambda$$

Pero cuando el impacto de la perturbación sea superior al peso relativo del objetivo de competitividad, la inflación será mayor bajo el régimen de cambio fijo creíble por la misma razón expuesta más arriba para la inflación del sector no transable, de tal forma que:

$$\pi^d = \pi^{en} < \pi^c \qquad\qquad \text{para } C\,\Omega d_N > \alpha/\lambda$$

Este mejor resultado de los regímenes discrecional y de engaño que el de compromiso creíble reviste gran importancia y es una señal de cautela a la hora de elegir un régimen cambiario cuando la economía está sometida a perturbaciones intensas.

4) Pérdidas del gobierno

La consideración crucial para evaluar la decisión de adoptar un régimen cambiario u otro se refiere a las pérdidas que el gobierno debe asumir en cada una de las alternativas. En la situación de ausencia de perturbaciones exógenas de demanda ($d_N = 0$), las pérdidas del gobierno serán:

(20) $\qquad P^{gd} = \alpha\,\varepsilon^O + \lambda\,[(1 - \delta)\,A]^2/2 \quad$ para $d_N = 0$

(21) $\qquad P^{gc} = \alpha\,\varepsilon^O \qquad\qquad\qquad$ para $d_N = 0$

(22) $P^{gen} = \alpha\,[\varepsilon^O - A] + \lambda\,[(1 - \delta)\,A]^2/2 \quad$ para $d_N = 0$

De las anteriores ecuaciones se evidencia, en primer lugar, que las pérdidas en un régimen fijo creíble son menores que en un régimen flexible discrecional, es decir, $P^{gc} < P^{gd}$. Un compromiso creíble de cambio fijo reporta más beneficios en términos de cero inflación sin pérdida comparativa de competitividad, ya que esta es idéntica en ambos casos ($\alpha\varepsilon^{O}$). Comparando las ecuaciones (20) y (22), se observa también que las pérdidas en el régimen de abandono del cambio fijo son también menores que en el régimen flexible discrecional, es decir, $P^{gen} < P^{gd}$. En conclusión, el régimen flexible discrecional aparece como el menos beneficioso en términos de inflación y de costo político.

Muy relevante es la comparación de pérdidas entre el régimen fijo creíble y el régimen de abandono sorpresivo del cambio fijo. Siempre suponiendo que no haya perturbaciones de demanda, el régimen de abandono del cambio fijo no solo es más favorable que el régimen discrecional, sino que también es menos costoso que el régimen de cambio fijo ($P^{gen} < P^{gc}$)[61].

$$P^{gen} < P^{gc} < P^{gd} \qquad\qquad \text{para } d_N = 0$$

Ello tiene la importante implicación de que el gobierno tiene el incentivo para engañar a los agentes del sector no transable. Provocando, por ejemplo, una devaluación sorpresiva, el gobierno logra mejorar la competitividad por encima del régimen fijo y a un costo de inflación no superior al del régimen discrecional. La pérdida neta es menor que en el escenario de régimen fijo creíble, ya que el costo de la inflación es compensado con creces por la ganancia relativa de competitividad (reflejada en el término, $-\alpha A$). El secreto del éxito del engaño está en que los agentes privados fijan sus precios previamente al engaño devaluacionista. Es precisamente este incentivo para engañar lo que termina minando la credibilidad del compromiso de mantener fijo el tipo cambio. Sin embargo, en la medida en que los agentes privados conozcan el incentivo, generarán expec-

---

[61] En el supuesto de $d_N = 0$, la condición para que $P^{gen} < P^{gc}$ es que $\alpha A > [(1 - \delta) A]^2$, la cual siempre se cumple.

tativas de devaluación y el régimen evolucionará hacia el esquema de discrecionalidad.

De existir perturbaciones, la diferencia reside nuevamente en determinar si el peso relativo del objetivo de competitividad es mayor o menor que la intensidad de las perturbaciones. Para el caso de perturbaciones moderadas y/o alta preferencia por la competitividad, desaparece el incentivo para engañar, puesto que las pérdidas del gobierno son ahora menores bajo el régimen fijo creíble. Le siguen en cuantía de pérdidas el régimen de abandono con engaño y el régimen de flexibilidad discrecional, que vuelve a ser el menos ventajoso.

$$P^{gc} < P^{gen} < P^{gd} \qquad \text{para } C \, \Omega d_N < \alpha/\lambda$$

Pero si las perturbaciones son de mayor intensidad y/o la preferencia por el objetivo de reducir la inflación es alta, el régimen de flexibilidad discrecional muestra el mejor desempeño en todos los aspectos, excepto en el relativo a la tasa de devaluación.

$$P^{gd} < P^{gen} < P^{gc} \qquad \text{para } C \, \Omega d_N > \alpha/\lambda$$

Este es un resultado de importancia crucial dentro del modelo. Cuando las perturbaciones son relativamente muy intensas, la inflación no transable, la inflación global y las pérdidas del gobierno son menores en un equilibrio discrecional que en un régimen fijo creíble. Incluso el régimen de engaño arroja mejores resultados que el régimen fijo creíble.

2.6 Diagrama para la elección de régimen

El gráfico VI.2 ayuda a resaltar este resultado central del modelo de elección de régimen cambiario que hemos venido desarrollando hasta aquí. El objetivo del gobierno es minimizar las pérdidas que serían esperables de elegir un régimen u otro. Estas pérdidas, como hemos visto, variarán según la intensidad de las perturbaciones, la cual es una medida relativa a la estructura de preferencias de las autoridades en el conflicto entre empleo e inflación. Se necesita en primer lugar graficar un mapa de coordenadas de tamaño de perturbaciones y estructura de preferencias para identificar en qué escenario de perturbaciones relativas se encuentra ubicada la economía en un momento dado. El cuadrante del gráfico contiene todas las posibles combinaciones de intensidad de perturbaciones (Ωd_N) y de preferencias de política (α/λ). La línea $\Omega d_N = (1/C)(\alpha/\lambda)$ refleja el límite de indiferencia entre un escenario y otro. Puntos a la izquierda de la línea, representan una economía sometida a perturbaciones intensas. Puntos a la derecha grafican una situación de perturbaciones moderadas. La pendiente de la línea de indiferencia viene determinada por el grado de apertura $1/C$ y siempre será mayor de 45 grados.

GRÁFICO VI.2
Elección de régimen cambiario según nivel de perturbaciones

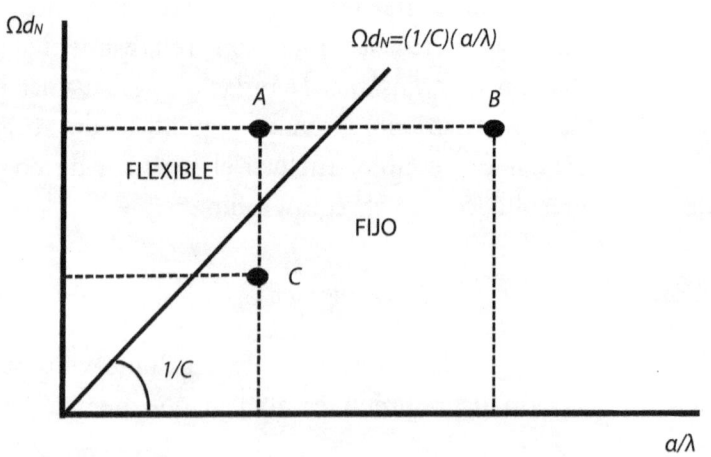

Por arriba de la línea de indiferencia, donde las perturbaciones son más intensas que el peso relativo de la competitividad, la elección será por un régimen discrecional (flexible), ya que las pérdidas del gobierno son menores. Por debajo de ella, un régimen de compromiso creíble a favor de un cambio fijo será menos costoso.

En el punto *A*, la perturbación es relativamente intensa, pero la preferencia del gobierno se inclina más por reducir la inflación, lo cual permite utilizar la flexibilidad cambiaria para enfrentar la perturbación con un costo inflacionario relativamente moderado. Ahora supongamos que la perturbación de demanda sea la misma, pero que el gobierno tenga preferencia por el objetivo de competitividad (punto *B*). En este caso, la flexibilidad cambiaria tendría un costo inflacionario demasiado alto, razón por la cual un régimen de cambio fijo reduce el costo político del gobierno. A mayor preferencia por el objetivo de competitividad (movimiento hacia la derecha del cuadrante), más necesario se hace el compromiso del cambio fijo. En el supuesto de que la preferencia del gobierno continúe siendo antiinflacionaria, pero la perturbación sea de menor intensidad (punto *C*), lo menos costoso para el gobierno será un compromiso de cambio fijo.

2.7 Principales hallazgos del modelo

La decisión sobre integrarse o no a un área monetaria de baja inflación dependerá de la combinación de factores que esté presente en una economía, específicamente cuál es el nivel relativo de perturbaciones a las que está sometida y cuál es la estructura de preferencias políticas del gobierno (o de la sociedad) en el *trade-off* entre baja inflación, y empleo/competitividad. Especial relevancia adquieren las perturbaciones que se manifiestan en forma de asimetrías entre los países, tanto en su tipología como en su aparición en el tiempo.

El modelo teórico desarrollado permite analizar los impactos (des)estabilizadores de los diferentes regímenes cambiarios. Queda demostrado que, a igualdad de perturbaciones, la conveniencia de regímenes de cambio fijo crece con el aumento de la preferencia por objetivos de competitividad (o de empleo). Expresado en la terminología de la teoría positiva de la inflación, la conveniencia del compromiso crece con el grado de inconsistencia temporal de las políticas. La principal ventaja de los regímenes de cambio fijo reside precisamente en que permiten contrarrestar el problema de la inconsistencia temporal de políticas mediante la imposición de disciplina financiera. En otras palabras, un país de desempeño inflacionario débil se beneficia atando su moneda a la de un país de menor inflación.

Más específicamente, se muestra que la tasa de inflación en el estadio de equilibrio es menor bajo un régimen de cambio fijo creíble que bajo regímenes flexibles discrecionales o bajo un régimen de engaño, siempre y cuando la economía no se vea sometida a perturbaciones "excesivas". La calificación de "excesiva" dependerá del peso relativo asignado al objetivo de inflación por sobre el objetivo de competitividad. Cuando ese peso relativo sea bajo en comparación con la intensidad de la perturbación, la inflación resultante de un régimen fijo será menor que la inflación de un régimen flexible. Similar consideración rige para la inflación del sector no transable.

La elección de régimen cambiario está determinada por la comparación de las pérdidas o costos políticos esperados por el gobierno en cada alternativa. El régimen de cambio fijo creíble arroja los mejores resultados en materia de inflación, devaluación y costo político para el caso de que no existan perturbaciones o de que estas sean de menor intensidad relativa que el peso asignado al objetivo de competitividad en la función de preferencia del gobierno. Pero cuando las perturbaciones son de mayor intensidad relativa que el peso asignado al objetivo de competitividad, el régimen cambiario de flexibilidad discrecional luce más ventajoso en todos los aspectos, excepto en materia de devaluación. La razón económica de ello es que, siempre y cuando el gobierno le asigne una mayor importancia relativa a la reducción de la inflación, el régimen discrecional permite enfrentar más adecuadamente el embate de perturbaciones intensas, a un menor costo relativo para el gobierno. Por otra parte, tanto en este último caso como en ausencia de perturbaciones, el abandono con engaño del cambio fijo representa un menor costo para el gobierno, con lo cual este tiene incentivos para renegar del compromiso de mantener fijo el tipo de cambio.

Otro resultado crucial del modelo es que las bondades de la flexibilidad cambiaria crecen en función de la intensidad de las perturbaciones asimétricas. Aun cuando la flexibilidad discrecional suele estar asociada con mayor nivel de inflación sin una ganancia compensatoria de competitividad, el modelo muestra cómo es posible ganar en flexibilidad sin incurrir en un mayor costo global para el gobierno. El secreto está en la construcción de reputación antiinflacionaria por parte del gobierno, la cual permite ajustar el tipo de cambio sin desatar una reacción violenta de expectativas devaluacionistas o inflacionarias. El "trueque" o contraposición convencional entre credibilidad y flexibilidad se transforma aquí en un mecanismo de ganancia de flexibilidad a través de construcción de credibilidad.

3. ESTRATEGIAS POLÍTICO-ELECTORALES: EXTENSIÓN DEL MODELO

El modelo puede ser extendido en varias formas para explicar los procesos de adopción de decisiones de las autoridades. Una de las aplicaciones más inmediatas se refiere al campo político-electoral, en el cual se observan algunos hechos estilizados que aparentan ser contradictorios, pero que luego resultan ser coherentes a la luz del esquema teórico aquí desarrollado.

3.1 Elección de régimen y tipo de gobierno

Se observa que con frecuencia gobiernos "ortodoxos" desde el punto de vista financiero son más probables candidatos a adoptar regímenes flexibles discrecionales con autonomía monetaria que gobiernos "populistas" orientados al activismo pro-empleo. En el otro extremo del espectro político, gobiernos más dispendiosos necesitan muchas veces atarse las manos con arreglos cambiarios rígidos o ingreso a áreas monetarias comunes. Esta asociación se hace todavía más patente en fases electorales, cuando los gobiernos evitan tomar decisiones que beneficien a sus oponentes electorales. Estos hechos estilizados parecerían contradecir la creencia convencional de que gobiernos más conservadores u ortodoxos deberían ser más proclives a regímenes que implanten mayor disciplina. Las siguientes consideraciones están destinadas a explicar esta aparente contradicción.

GRÁFICO VI.3
Elección de régimen y tipo de gobierno

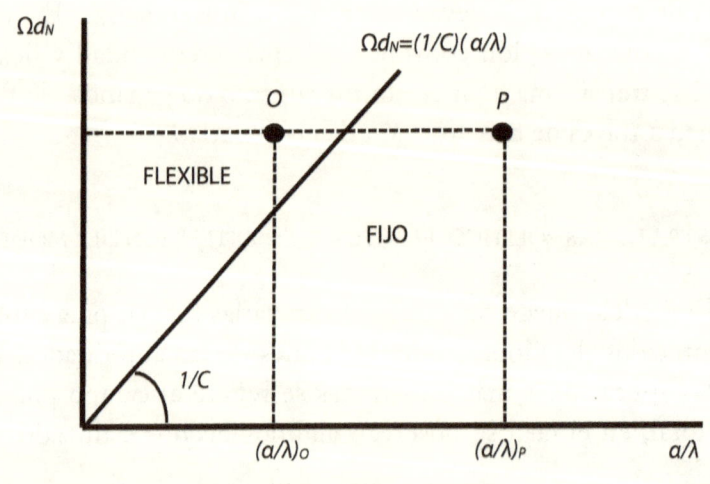

192

Para entender esta paradoja puede ser de ayuda extender el modelo desarrollado en el capítulo anterior para incorporarle la consideración de costos/beneficios político-electorales. En el gráfico VI.3 se puede apreciar que gobiernos con una menor aversión a la inflación o, su contraparte, con una mayor preocupación por la competitividad y por el empleo (mayor α/λ), son los candidatos más probables a adoptar regímenes de cambio fijo. Siempre suponiendo que actúan de acuerdo con los postulados de la teoría de las expectativas racionales, los gobiernos hacen una estimación de los costos esperados de cada una de las alternativas de política. Para un nivel dado de perturbaciones, un gobierno populista, P, preferirá "atarse las manos" con un régimen de cambio fijo (punto P), si sabe que su mayor propensión a incentivar la competitividad, alto $(\alpha/\lambda)_P$, despertará fuertes expectativas de devaluación por parte de los agentes privados con la consiguiente secuela de inflación y erosión del tipo de cambio real. Un gobierno de corte ortodoxo, O, sin embargo, con reconocida reputación de adversar la inflación, bajo $(\alpha/\lambda)_O$, puede permitirse la flexibilidad cambiaria sin que ello implique un costo inflacionario excesivo (punto O).

3.2 Ganancias de flexibilidad a través de la credibilidad

El tradicional "trueque" entre flexibilidad y credibilidad se presenta aquí también, pero con una connotación aparentemente paradójica. Usualmente se postula que si un gobierno insiste en utilizar políticas discrecionales (flexibles) para lograr sus objetivos de empleo y competitividad, ello afectará inevitablemente su credibilidad antiinflacionaria. Al contrario, ganar credibilidad exigiría renunciar a la flexibilidad discrecional. De nuestro análisis se desprende, sin embargo, que es posible ganar flexibilidad en la medida en que se gana en credibilidad.

GRÁFICO VI.4
Trueque entre credibilidad y flexibilidad

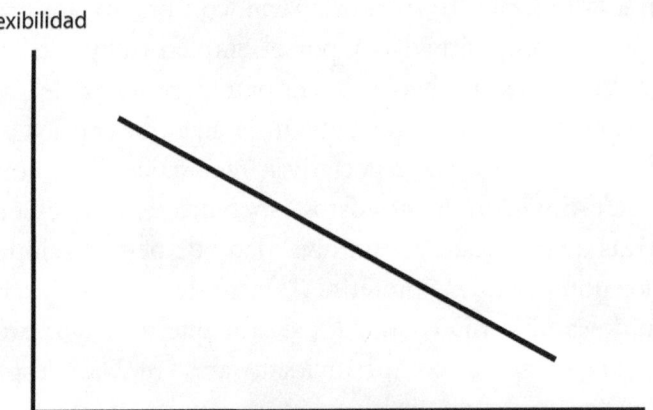

Flexibilidad

Propensión inflacionaria (α /λ)

Esta relación inversa entre propensión inflacionaria y flexibilidad posible está plasmada en el Gráfico VI.4. Si reinterpretamos la relación α/λ como una medida de la credibilidad antiinflacionaria del gobierno (a menor valor de α/λ, mayor será la aversión antiinflacionaria y, por ende, la reputación del gobierno), vemos que, cuando el gobierno goza de suficiente credibilidad, es posible ganar flexibilidad sin costo adicional de inflación. Pero si los agentes privados están conscientes de que el gobierno tiene propensión inflacionaria y le otorga mayor peso al objetivo de competitividad que al objetivo de inflación (alto valor de α/λ), su credibilidad antiinflacionaria será baja y se verá obligado a renunciar a la flexibilidad cambiaria-monetaria para no desatar un proceso inflacionario mayor. Gráficamente esta relación inversa entre propensión inflacionaria y flexibilidad se refleja en la línea diagonal descendente de izquierda a derecha.

La aparente contradicción con la visión convencional del *trade-off* flexibilidad-credibilidad se resuelve cuando tomamos en cuenta que aquí estamos hablando del resultado (valores de equilibrio) de un proceso dinámico de minimización de pérdidas bajo expectativas racionales. Al inicio del proceso, la autoridad económica puede pretender ganar flexibilidad sacrificando parte de su credibilidad antiinflacionaria, pero en el resultado final esta ganancia se esfuma. Más bien, la credibilidad se convierte en condición posibilitadora de la flexibilidad.

3.3 Incorporación del ciclo político-electoral en la elección de régimen

Esta correlación positiva entre credibilidad y flexibilidad permite entender también otro hecho estilizado de la vida real, que tiene estrecha relación con el cálculo electoral de los gobiernos[62]. El punto crucial para entender la influencia de consideraciones electorales en la elección del régimen cambiario-monetario reside en reconocer que las decisiones actuales de política económica no tienen el mismo impacto sobre la percepción del electorado respecto de las políticas futuras de cada candidato. Ciertas decisiones del gobierno pueden mejorar las posibilidades electorales de uno de los participantes en la contienda y al mismo tiempo empeorar la posición del otro contendiente. Como regla general, los gobiernos tienden a abstenerse de adoptar medidas de política que puedan mejorar las

---

[62] Milesi-Ferretti (1995) analiza en detalle el papel de consideraciones electorales en la elección de régimen cambiario. Desarrolla para ello un modelo similar al utilizado por Agenor (1994), mediante el cual llega también a la conclusión de que la condición para preferir un régimen de cambio fijo es que la varianza de las perturbaciones exógenas sea menor que el grado de inconsistencia temporal de las políticas económicas. Esta condición es equivalente a la establecida en nuestro modelo ($C_\Omega d_N < \alpha/\lambda$), interpretando α/λ como una medida de la inconsistencia temporal. Milesi-Ferretti concluye que, para un mismo nivel de intensidad de las perturbaciones, un gobierno con mayor propensión inflacionaria es un candidato más probable a "atar sus propias manos" mediante la adopción de un régimen de cambio fijo.

posibilidades electorales de sus oponentes. Así, un gobierno reputado por su aversión contra la inflación tenderá a evitar la implantación de un régimen de cambio fijo, porque ello disminuiría en el electorado la preocupación por la estabilidad cambiaria e inflacionaria futura, lo cual favorecería a su oponente de menor reputación antiinflacionaria.

Hay varios ejemplos de ello en la historia política. Uno es el caso del partido conservador británico, que siempre se ha mostrado renuente a otorgarle mayor independencia al banco central y a someter la política monetaria a la disciplina de la Unión Monetaria Europea. Al contrario, un gobierno reconocido por su mayor propensión inflacionaria tiene el incentivo de instaurar hoy un régimen de cambio fijo, ya que esta medida borraría de la agenda electoral la preocupación de los votantes sobre la inflación futura, en caso de que ese gobierno fuera reelecto[63]. Es interesante observar que la primera medida económica importante del gobierno laborista británico electo en 1997 fue dotarle al banco central de mayor autonomía. En esta misma línea de adquirir reputación mediante compromisos creíbles, el gobierno socialista francés adoptó a fines de los ochenta la política del "franco fuerte" y el gobierno socialista español ingresó en el mecanismo cambiario de la Unión Europea en 1989.

La condición de indiferencia de nuestro modelo puede ser extendida para incorporar el cálculo electoral en la decisión por parte del gobierno sobre la adopción de un régimen determinado, previamente a la fecha de las elecciones. Si el gobierno decide implantar un régimen fijo antes de las elecciones, esta

---

[63] Es interesante observar que la primera medida económica importante del gobierno laborista británico electo en 1997 fue dotarle al banco central de mayor autonomía. En esta misma línea de adquirir reputación mediante compromisos creíbles, el gobierno socialista francés adoptó a fines de los ochenta la política del "franco fuerte" y el gobierno socialista español ingresó en el mecanismo cambiario de la Unión Europea en 1989.

acción representará un costo electoral para quien tenga una mejor reputación antiinflacionaria en la percepción de los votantes y un beneficio electoral para quien tenga mala reputación. Supongamos un sistema político bipartidista, en el que un partido representa la opción "populista", más propensa a defender el empleo y la competitividad, y el otro partido puede calificarse de "ortodoxo", más proclive a la lucha antiinflacionaria. Si el partido populista está en el poder, la elección de un régimen cambiario rígido empeora las posibilidades electorales del partido ortodoxo (equivalente a un beneficio electoral para el bando populista), ya que los electores apartarán su atención de lo que sería el flanco débil de los populistas, es decir, su historial inflacionario. Pero si el partido ortodoxo está en el poder, la adopción del régimen fijo mejora las posibilidades electorales del oponente populista (equivalente a un costo electoral para el bando ortodoxo) por la misma razón recién expuesta.

GRÁFICO VI.5
Estrategia electoral y elección de régimen cambiario

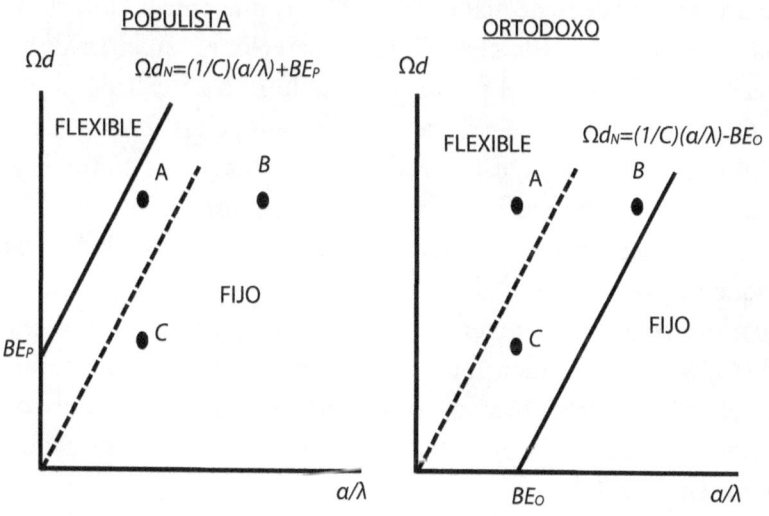

La nueva condición para que un gobierno populista elija un régimen de cambio fijo sería:

(23) $\Omega d_N \leq (1/C)\,(\alpha/\lambda) + BE_P$

donde $+BE_P$ = beneficio electoral para el partido populista por implantar el régimen fijo.

La condición para que un gobierno ortodoxo elija un régimen de cambio fijo sería:

(24) $\Omega d_N \leq (1/C)\,(\alpha/\lambda) - BE_O$

donde $-BE_O$ = costo electoral para el partido ortodoxo por implantar el régimen fijo.

Si observamos el gráfico VI.5, vemos que la línea de la nueva condición de preferencia se traslada hacia arriba en el caso del gobierno populista (gráfico izquierdo) y hacia la derecha en el caso del gobierno ortodoxo (gráfico derecho). Al tomar en consideración el beneficio electoral BE_P, el partido populista en el poder se inclina ahora por adoptar un régimen de cambio fijo, incluso para la constelación del punto A, que antes hubiera dado pie a un esquema de flexibilidad discrecional. A la inversa, el partido ortodoxo en el poder debe incluir en su cálculo el costo electoral que para él representa la adopción previa de un régimen fijo ($-BE_O$). Ello hace que en situaciones como B y C (lado derecho del gráfico), en las que antes era recomendable la adopción de rigidez cambiaria, ahora son manejadas bajo esquemas de flexibilidad. En el caso de un gobierno populista, cuanto mayor sea el beneficio electoral BE_P, más probable será la elección de un régimen fijo por razones de estrategia electoral. Y en el caso de un gobierno ortodoxo, cuanto mayor sea el costo electoral $-BE_O$, más probable será la elección estratégica de un régimen flexible.

Ahora bien, la inclusión de consideraciones electorales en el análisis de la elección de régimen pone sobre el tapete un potencial conflicto entre dos incentivos opuestos a la hora de elegir régimen. Por un lado, desde el punto de vista de la estrategia electoral, el gobierno ortodoxo tiene incentivo para adoptar un régimen flexible. Pero si, por otro lado, la incertidumbre sobre el resultado electoral es alta y adicionalmente la economía está sometida a perturbaciones intensas, como en el punto B del lado derecho del gráfico VI.5, el riesgo de desestabilización es muy alto, sobre todo si el oponente populista llegase a ganar las elecciones. En este caso, la perspectiva de pérdidas futuras constituye un incentivo para adoptar un régimen fijo, opuesto al incentivo meramente electoral.

Similar conflicto de incentivos puede presentarse en el caso de que el partido populista esté en el poder y elija un régimen de cambio fijo cuando la economía se encuentra en el punto A del cuadrante izquierdo. Ello mejorará su posición electoral, pero la rigidez cambiaria le coartará la gama de instrumentos para enfrentar las intensas perturbaciones exógenas, con lo cual el costo político inmediato puede ser significativo. Recuérdese la comparación de pérdidas en el cuadro VI.2, donde se observa que las pérdidas del gobierno bajo un régimen fijo creíble son mayores que bajo un régimen flexible discrecional, cuando la intensidad de la perturbación supera el grado de inconsistencia temporal, que es el caso del punto A, si no se hubiera desplazado la línea de indiferencia hacia arriba por razones electorales. En conclusión, dependiendo del grado de incertidumbre electoral y de la intensidad de la perturbación, la decisión final del gobierno de turno en período electoral pudiera ser distinta a la modelada en el gráfico VI.5.

No solamente consideraciones electorales influyen en la decisión sobre el régimen cambiario. La cambiante estructura de preferencias temporales de las autoridades a lo largo del ciclo de vida de un gobierno también puede ser determinante en la elección de régimen. La observación empírica de que gobiernos, cuyo objetivo preferido es el empleo y la competitividad, frecuentemente eligen regímenes cambiarios rígidos al inicio de su gestión, encuentra explicación en la conjunción de la dinámica del ciclo político del período constitucional con la dinámica de las expectativas racionales. El conocimiento por parte del gobierno del juego interactivo de expectativas que subyace nuestro modelo hace recomendable una estrategia de construcción inicial de credibilidad antiinflacionaria. En la primera fase del mandato, por lo tanto, a un gobierno de menor reputación antiinflacionaria le conviene disimular su preferencia por la competitividad y ganar credibilidad entre los agentes privados mediante el compromiso de un cambio fijo. Ello le asegurará un comportamiento más moderado de estos en el proceso de fijación de precios y le permitirá devaluar sorpresivamente hacia el final del período con un menor costo en inflación y una mayor ganancia en competitividad. La devaluación nominal tendrá un efecto real sobre el producto y el empleo, ya que no será esperada por los agentes privados. Sin embargo, como analizábamos antes, el incentivo para engañar en los últimos años de mandato puede ser contrarrestado por el incentivo de mejorar la posición en el proceso electoral. Cuál de los dos predomine, dependerá de las circunstancias políticas concretas de cada caso.

El carácter eminentemente político de la elección de régimen cambiario se deriva también del hecho de que la decisión impacta de forma diferenciada el bienestar de los diversos sectores sociales o económicos de un país (importadores/exportadores, comerciantes/industriales, agricultura/industria, gobierno/privados, etcétera). El paso de un régimen fijo a un régimen flexible, por ejemplo, conduce a una mayor probabilidad de devaluación en países con equilibrios macroeconómicos precarios. Ciertos grupos de interés se verán beneficiados con esa medida y otros, perjudicados. Es de esperar que los partidos que están optando a las elecciones asuman posiciones sobre el régimen cambiario en función del apoyo que puedan recibir de cada grupo[64].

4. GRADO DE CREDIBILIDAD Y CONSTRUCCIÓN DE REPUTACIÓN

Habrá visto el lector que un resultado central del modelo es que las bondades de la flexibilidad cambiaria crecen en función de la intensidad de las perturbaciones. Aun cuando la flexibilidad discrecional suele estar asociada con mayor nivel de inflación sin una ganancia compensatoria de competitividad, el modelo muestra cómo es posible ganar en flexibilidad sin incurrir en un mayor costo global para el gobierno. El secreto está en la construcción de reputación antiinflacionaria por parte del gobierno, la cual permite ajustar el tipo de cambio sin desatar una reacción violenta de expectativas devaluacionistas o inflacionarias. El "trueque" o contraposición convencional entre credibilidad y flexibilidad se transforma aquí en un mecanismo de ganancia de flexibilidad a través de construcción de credibilidad.

La existencia del incentivo para engañar plantea la necesidad de reforzar el compromiso con ataduras institucionales, legales o de resguardo de la reputación, cuya ruptura incremente el costo político de la inobservancia del compromiso y ayude así a inclinar la balanza a favor de la estabilidad. Un compromiso de

---

[64] Ruland y Viaene (1993) desarrollan un modelo en el que la elección de régimen se desenvuelve dentro de este juego de intereses y de apoyos. Contemplan tres grupos de votantes (importadores, exportadores y especuladores) que buscan maximizar su bienestar. Cada grupo o coalición de grupos contribuye económicamente a uno de los dos partidos contendores, los cuales buscan maximizar su probabilidad de ser electos. En función de ese objetivo de maximización, cada partido termina tomando posición por un régimen cambiario (fijo o flexible).

tipo de cambio fijo será creíble en la medida en que la tentación de abandonarlo sea menor que el castigo que significa recaer en la espiral devaluacionista-inflacionaria del juego discrecional. Como la tentación está presente hoy y el castigo de la inflación es un evento futuro, la credibilidad dependerá en gran medida de la estructura de preferencias temporales de las autoridades, la cual se materializa en la tasa de descuento que se aplique al castigo futuro. Gobiernos con visión cortoplacista aplicarán una tasa de descuento menor, mientras que gobiernos con mayor sentido de responsabilidad sobre el largo plazo utilizarán una tasa de descuento mayor.

Extendiendo el modelo formal de elección desarrollado en el capítulo anterior, el *grado de credibilidad* Q puede medirse como la diferencia entre el valor presente del castigo futuro de la inflación y el incentivo para engañar hoy.

$$(25) \qquad Q = [\gamma/(1-\gamma)]\,(P^{gd} - P^{gc}) - (P^{gc} - P^{gen})$$

donde: γ es el factor de descuento de eventos futuros, con $0 \leq \gamma \leq 1$.

El primer elemento, el castigo de la inflación futura, viene dado por la eventual recaída en un esquema de flexibilidad discrecional, cuya función de pérdida (P^{gd}) es mayor que la pérdida en un esquema de tipo de cambio fijo creíble (P^{gc}). Este costo futuro es ajustado (valorado) con el factor γ, el cual depende de la estructura de preferencia temporal de las autoridades. El segundo elemento, el incentivo para engañar, viene dado por la ganancia inmediata que se obtiene al abandonar el compromiso del tipo de cambio fijo. Esta ganancia puede medirse como la diferencia entre las pérdidas del gobierno en el equilibrio de compromiso creíble (P^{gc}) y las menores pérdidas en el equilibrio de abandono con engaño del compromiso de tipo de cambio fijo (P^{gen}).

El primer término de la ecuación representa el costo futuro descontado de una eventual recaída en el régimen discrecional, y el segundo término recoge la ganancia por un posible abandono del compromiso. Un régimen de tipo de cambio fijo será creíble mientras los costos futuros de la inflación sean iguales o superiores a las ganancias que reportaría hoy una devaluación. A mayor diferencia entre el costo futuro descontado y la ganancia inmediata de la devaluación, mayor será el grado de credibilidad. Importancia decisiva tendrá el peso que las autoridades le asignen a costos futuros. Si la preocupación del gobierno es cortoplacista (es decir, bajo valor del factor γ), el primer término de la ecuación será reducido y la credibilidad será baja. Pero si al gobierno le importan los costos futuros (alto valor de γ), su credibilidad se verá incrementada.

En el supuesto de ausencia de perturbaciones, la condición necesaria para que un régimen de cambio fijo goce de credibilidad se obtiene sustituyendo las funciones de pérdidas (20), (21) y (22) en (25):

$$(26)\ \pi^d \geq 2\,\alpha/\lambda\,[(1 - \gamma) / (1 - \delta)] > \pi^c = 0 \quad \text{para } d_N = 0$$

Esta ecuación compara el incentivo para engañar con la inflación que resultaría de la recaída en un régimen discrecional. Mientras la inflación resultante de la recaída en el régimen de flexibilidad discrecional, π^d, sea superior al incentivo para devaluar, el régimen de cambio fijo será creíble. Se evidencia que el incentivo para devaluar se reduce conforme aumenta el grado de apertura de la economía $(1-\delta)$, debido al mayor impacto que en ese caso tienen las devaluaciones sobre la inflación global de la economía. Asimismo se observa, como era de esperar, que la tentación devaluacionista disminuye con el mayor peso relativo del objetivo de inflación por sobre el objetivo de competitividad externa (es decir, bajo valor de la relación α/λ).

Adicionalmente, cuanto mayor sea el factor de ajuste de eventos futuros, γ, es decir, cuanto mayor sea la importancia asignada a la inflación futura, menor será el incentivo para renegar del compromiso de tipo de cambio fijo. Por esta razón, cuando un mandato está en sus comienzos y el gobierno decide devaluar, es muy probable que la inflación se desate antes de finalizarlo, con lo cual el incentivo del gobierno para engañar disminuye, ya que el factor de valoración de la inflación futura será mayor. A no ser que la estrategia electoral proporcione un incentivo contrapuesto, un gobierno que está finalizando su mandato sin posibilidad de reelección estará más inclinado a sucumbir a la tentación de abandonar el compromiso del tipo de cambio fijo, puesto que el castigo de la inflación se hará presente en el siguiente período constitucional, por lo que a la inflación futura se le aplicará un ajuste menor. En otras palabras, el valor de γ varía a lo largo del ciclo político de un gobierno y con él la reputación antiinflacionaria.

Como los agentes privados probablemente conocen las cambiantes preferencias temporales de las autoridades a lo largo del ciclo político, sus expectativas de devaluación se resistirán a bajar a pesar del buen comportamiento inicial del gobierno. La existencia del incentivo para engañar atenta contra la construcción de credibilidad. El problema principal reside en que el público carece de información objetiva acerca de las verdaderas preferencias de las autoridades. Incluso si estas están comprometidas con el mantenimiento de un tipo de cambio fijo, el público no tiene la forma de conocerlo con certeza. Este hecho nos conduce a la cuestión crucial de cómo aminorar o atenuar el problema de la inconsistencia temporal (incentivo para engañar) mediante la adquisición de "reputación".

Los agentes privados forman sus expectativas basados en la experiencia de la actuación pasada de las autoridades. Cuanto más tiempo un gobierno se mantenga apegado a un tipo de cambio fijo, más moderadas serán las expectativas de devaluación de los agentes privados. Pero muy frecuentemente el incentivo para engañar crece en proporción al tiempo de duración del régimen fijo, sobre todo cuando esta política va acompañada de una fuerte apreciación real. Cuando el gobierno finalmente abandona su compromiso del tipo de cambio fijo, las expectativas de devaluación irán en aumento en la medida en que el gobierno recurra nuevamente a este mecanismo. Este proceso dinámico alcanza su equilibrio cuando el costo de la inflación desatada por este comportamiento discrecional del gobierno sea suficientemente alto como para "desincentivar" al gobierno de su política devaluacionista. En ese momento, un nuevo compromiso de tipo de cambio fijo constituye la respuesta racional de las autoridades.

Para que este nuevo compromiso sea sostenible en el tiempo, hace falta implementar mecanismos o penalidades que incrementen la reputación antiinflacionaria del gobierno. La reputación es lo que permite reducir progresivamente la expectativa de devaluación de los agentes privados. Ello pasa por reducir el incentivo para engañar. Para contrarrestar el incentivo del engaño, es necesario reforzar la credibilidad del compromiso del cambio fijo con algún tipo de castigo, que penalice el abandono del compromiso. Sin duda, el principal castigo lo proporciona la reacción de los agentes privados, quienes en los períodos subsiguientes al engaño elevan sus expectativas de devaluación y conducen a la economía a un juego no-cooperativo de acción y reacción, al estilo del descrito más arriba como equilibrio discrecional. El resultado final será una tasa de inflación más alta sin ganancia de competitividad.

Pero este castigo no es suficiente. Se hace necesario, por lo tanto, incrementar la reputación mediante arreglos institucionales de otro tipo, cuya inobservancia implique un mayor costo político para el gobierno. Fijar, por ejemplo, la paridad de la moneda mediante una ley del Congreso, implica un altísimo costo para el gobierno que infrinja esa ley. Más alto todavía será el costo de abandonar una unión monetaria. Medidas menos extremas, como anunciar objetivos de zonas de flotación, firmar acuerdos de estabilización con el Fondo Monetario Internacional, ingresar en mecanismos internacionales de coordinación cambiaria o colocar al frente del banco central a reconocidos enemigos de la inflación, contribuyen grandemente al reforzamiento de la reputación antiinflacionaria. El principal costo del incumplimiento siempre seguirá siendo la inflación resultante, pero no hay duda de que esos arreglos representan ataduras adicionales, cuyo precio de incumplimiento puede inclinar la balanza a favor del mantenimiento de los compromisos.

VII

ESTRATEGIAS DE ESTABILIZACIÓN Y ANCLAS NOMINALES

Habiendo quedado demostrada la importancia central de la credibilidad para el éxito de la política antiinflacionaria, pasemos en este último capítulo a hacer algunas consideraciones sobre las estrategias de estabilización en economías en vías de desarrollo y su relevancia para la elección de régimen. Quedará en evidencia, en primer lugar, que la decisión básica en materia de estrategia de estabilización gira también alrededor del conocido dilema entre rigidez y flexibilidad cambiarias. De eso se trata en el fondo cuando se discute sobre la adopción de anclas monetarias o de anclas cambiarias. Nuevamente comprobaremos aquí que el grado de credibilidad (perfecta o imperfecta) de las autoridades constituirá un elemento importante para la toma de decisión, por cuanto afectará la dinámica del ajuste y la distribución de sus costos en el tiempo. Se discutirá también la proposición de regímenes basados directamente en metas de inflación, como una respuesta a ciertos problemas inherentes al uso de anclas nominales intermedias. Finalizaremos con una breve disquisición sobre el efecto inflacionario de regímenes basados en objetivos de tipo de cambio real.

1. PAPEL DE LAS ANCLAS NOMINALES DENTRO DE PROGRAMAS DE ESTABILIZACIÓN

En la práctica, la primera y principal tarea de un programa de estabilización es lograr abatir la inflación y recuperar los balances fundamentales en la esfera fiscal y externa. Corresponderá a fases ulteriores atacar problemas estructurales que afectan la competitividad real y el empleo, pero inicialmente debe atenderse primordialmente el problema fiscal, ya que en la mayoría de los casos la incapacidad de los países para movilizar fuentes de ingresos fiscales de carácter tributario se encuentra en el origen de las altas inflaciones. Esta incapacidad obliga a los gobiernos a recurrir al financiamiento monetario del déficit (señoreaje), con las ya conocidas secuelas respecto de la inflación. Incluso si el gobierno logra eludir inicialmente la expansión monetaria y recurre al endeudamiento para cubrir el faltante, el crecimiento acumulativo de la deuda le obligará en algún momento futuro a utilizar el financiamiento monetario[65].

La reforma fiscal es, por consiguiente, un pilar central de cualquier programa de estabilización. Un compromiso inequívoco y firme de ajuste fiscal que elimine la necesidad de financiamiento monetario es condición necesaria para el éxito del plan de estabilización[66]. En la visión convencional, tal como la aplica el FMI o la comisión europea, ello implica, en primer lugar, un aumento de la recaudación tributaria, ya sea a través de la introducción de nuevos impuestos o de una mejor recaudación de los existentes. En segundo lugar debe procederse a una

---

[65] Véase el magistral trabajo de Sargent y Wallace (1981), quienes analizan las condiciones en las que el endeudamiento asume una dinámica perversa.

[66] Sin embargo, como veremos más adelante al hablar del objetivo de tipo de cambio real, el ajuste fiscal no suele ser condición suficiente para el éxito de la estabilización, razón por la cual se hacen necesarias otras políticas nominales. Ver Calvo y Vegh (1992).

reestructuración del gasto, que abarque tanto deslastrar al Estado de actividades no esenciales (privatizaciones y descentralización), como hacer más liviana y eficiente la estructura administrativa pública. Como estas son tareas que requieren tiempo, un recorte del gasto luce inevitable al inicio de todo programa de estabilización. La intensidad del recorte dependerá del nivel de expectativas negativas (inercia inflacionaria), que se hayan acumulado previamente. La necesidad de sobreactuar para compensar expectativas y la lentitud del proceso de maduración de las reformas estructurales hacen previsible un impacto recesivo normalmente fuerte en la fase de arranque de la estabilización.

Visiones menos convencionales al estilo de las propugnadas por connotados economistas como Stiglitz y Krugman, proponen una combinación de ajuste fiscal con estímulos productivos para evitar entrar en una espiral descendente de recesión, desempleo y menor recaudación fiscal. La extrema gravedad de la recesión que se generó en los países de la periferia europea como consecuencia de los planes de ajuste impuestos por la Comisión Europea y el FMI después de la crisis de 2008 ha dado pie a fundados criticismos sobre la conveniencia de las recetas ortodoxas tradicionales. Las críticas no apuntan tanto a la necesidad del ajuste fiscal en sí, sino a su gradualidad y acompañamiento con otras medidas de estímulo.

Precisamente porque las medidas fiscales son dolorosas, no suele ser fácil sostenerlas durante el tiempo requerido. De ahí que un complemento frecuente de la tarea fiscal haya sido la implantación de "políticas de ingreso", que cumplan simultáneamente con tres objetivos: aliviar la carga del ajuste sobre los sectores de menores ingresos, disminuir el impacto recesivo global y quebrar las expectativas negativas del público. De esta forma se pretende lograr una reducción más ordenada de la inflación, en menor tiempo y a menor costo real. El tamaño y la extensión de los efectos distributivos de todo programa de ajuste debe ser políticamente aceptable, razón por la cual esquemas compensatorios de ingreso se hacen indispensables. No obstante, existe considerable escepticismo sobre la efectividad de las políticas de ingreso, pero ello se debe no tanto a la racionalidad de estas políticas como tales, sino al hecho de que se han pretendido implantar como sustitutos y no como complementos de la política fiscal. Es relativamente fácil y rápido reducir la inflación con una congelación general de precios y salarios, pero es totalmente imposible mantener el logro sin un soporte fiscal consistente. Pero hay momentos y países en los que las políticas de ingreso son tan necesarias como las medidas fiscales[67].

El componente central de la política de ingresos suele ser la fijación del tipo de cambio. La fijación del tipo de cambio se considera una política de ingresos porque tiene un claro efecto redistributivo progresivo al mejorar el ingreso real de los perceptores de salarios y rentas. Especialmente en contextos de hiperinflación, el anclaje cambiario tiene efecto estabilizador, ya que, para protegerse de la erosión de la moneda doméstica, los agentes económicos tienden a indexar todos los precios al tipo de cambio. Una vez estabilizado el precio de la divisa, el resto de los precios se acomoda gradualmente. Sin embargo, precisamente por esta gradualidad con la que se ajusta el resto de los precios, debe prestársele atención al peligro de sobrevaluación de la moneda cuando se utiliza el tipo de cambio como ancla nominal. Sobrevaluaciones sostenidas conducen a tasas de interés altas, disminución del empleo, quiebre de expectativas y ataques especulativos.

El uso del tipo de cambio como ancla nominal tiene un mayor sustento teórico y empírico que el uso de otras políticas de ingreso, como pudieran ser los controles de precios y salarios,

---

[67] Dornbusch (1993) se pronuncia a favor del uso de políticas de ingreso basado en el doble argumento de dotarle al programa de estabilización de un piso social y político viable, así como de coadyuvar al quiebre de expectativas.

cuya aplicación tiene enormes dificultades prácticas. Ciertamente, controles de precios y salarios pueden ser una forma de contrarrestar la existencia de indexación y de expectativas "retroactivas". Aplicados de forma temporal, los controles suavizan el impacto recesivo del programa de estabilización por su efecto sobre las expectativas. Una congelación de precios puede darle tiempo a las autoridades para demostrar su compromiso antiinflacionario. Sin embargo, existe una serie de problemas prácticos, que han desacreditado a los controles de precios. Entre ellos destacan las dificultades administrativas asociadas con la supervisión de los precios y con el desmontaje posterior de los controles. Los controles de precios pueden alargar innecesariamente el tiempo de ajuste de las expectativas, al tiempo que crean distorsiones en los precios relativos. Quizás el peligro más grave consista en la tentación de utilizar los controles administrativos como un sustituto del ajuste fiscal y monetario. Todos estos problemas han hecho erupción en la mayor parte de los episodios de controles de precios[68].

El uso del tipo de cambio como ancla nominal, sin embargo, tampoco está exento de cuestionamientos y peligros. Mecanismos de inercia inflacionaria y la consiguiente apreciación real, por ejemplo, pueden dar al traste con el plan de estabilización, y a un costo muy alto en términos de recesión. Ello ha motivado a contemplar la alternativa de usar algún agregado monetario como ancla nominal, lo cual evitaría los problemas típicos de la rigidez nominal del tipo de cambio.

En función del tipo de ancla nominal usada, los programas de estabilización se clasifican en dos grandes grupos: programas basados en el tipo de cambio y programas basados en magnitudes monetarias. En el primer tipo de programa, la autoridad

---

[68] Sobre los problemas con los controles de precios ver Blejer y Liviatan (1987) y Agenor (1993).

anuncia una tasa de devaluación inferior a la pasada y constante hacia delante. En la estabilización basada en políticas monetarias, la autoridad anuncia una tasa de crecimiento de la oferta monetaria (o del crédito doméstico) inferior a la pasada y constante hacia delante. Utilizar el tipo de cambio como ancla nominal implica rigidizarlo, mientras que la persecución de un objetivo monetario exige que el tipo de cambio fluctúe en función de ese objetivo. Por lo tanto, la alternativa entre ambos tipos de programa se enmarca también dentro del dilema entre rigidez y flexibilidad cambiarias, integración o autonomía monetarias.

Puesto que la elección de estrategia de estabilización implica una elección de régimen cambiario y concomitantemente una decisión entre integración o autonomía monetaria, rigen aquí los mismos considerandos que afectan la elección de régimen. Adicionalmente, la elección del tipo de ancla nominal dependerá de la relación que se postule entre la variable ancla y el nivel general de precios. Si la relación entre variaciones nominales del tipo de cambio y variaciones de los precios es sólida y estable, un anclaje del tipo de cambio será una herramienta eficiente de estabilización. En ese caso, las magnitudes monetarias deberán evolucionar subordinadas al objetivo del tipo de cambio. Pero si el tipo de cambio no influye decisivamente en la formación de precios, el control de la oferta monetaria pasa a ser la política más recomendable y el tipo de cambio debe evolucionar subordinado al objetivo monetario. Adicionalmente, la elección dependerá del grado de credibilidad con el que cuenta el programa de estabilización, ya que el impacto del problema de la credibilidad sobre la economía real, y especialmente sobre la dinámica temporal del ajuste, varía sustancialmente entre un tipo de ancla nominal y otro.

2. Tipos de ancla, dinámica de estabilización y costos reales

Entremos ahora a analizar los impactos reales de cada tipo de ancla en un proceso típico de estabilización. Sobre la base del criterio político de minimización de pérdidas, la elección de régimen o, lo que es lo mismo, la elección de ancla nominal dependerá de la percepción que se tenga sobre los costos reales de cada alternativa y de su distribución en el tiempo. Las experiencias con programas de estabilización en varios países latinoamericanos, principalmente de los setenta a los noventa, permiten extraer algunos hechos estilizados sobre el problema de los costos. Los programas con ancla cambiaria se suelen caracterizar por una lenta convergencia de la tasa de inflación con la tasa de devaluación. Dada la cuasi fijación nominal del tipo de cambio, el diferencial entre ambas tasas se traduce en una sostenida apreciación real del tipo de cambio. Como consecuencia de ello, la competitividad externa del país se resiente, las importaciones de bienes durables crecen aceleradamente y la cuenta corriente de la balanza de pagos se deteriora desde el inicio del programa. Este es el flanco débil de esta estrategia de estabilización.

Aunque menores en número, los programas basados en anclas monetarias también presentan ciertas constantes. Al igual que en el caso de los programas de estabilización basados en el tipo de cambio, el problema de la persistencia inflacionaria rezaga la tasa de reducción de la inflación por detrás de la tasa de reducción del crecimiento monetario. Es curioso observar que también aquí se presenta, aunque con menor intensidad, el fenómeno de la apreciación real del tipo de cambio, a pesar de que las tasas nominales de cambio pueden fluctuar. Ello se debe a que la inercia afecta con mayor fuerza a la inflación que a la devaluación. Como consecuencia de la contracción de liquidez y de las altas tasas reales de interés, la actividad económica se contrae y la cuenta corriente mejora inicialmente, pero luego empeora una vez que la apreciación real empieza a afectar la competitividad y que los niveles de actividad se recuperan.

Como puede verse, los problemas de inercia inflacionaria y de apreciación real son comunes a ambas estrategias de estabilización. También los fenómenos de déficit de la cuenta corriente y de recesión se hacen presentes en ambos casos. Lo que diferencia a cada estrategia es la secuencia temporal de expansión-contracción, el costo real relativo de la contracción y la velocidad de reducción inicial de la tasa de inflación. Todos estos elementos, a su vez, están estrechamente vinculados con el grado de credibilidad de la que goce el programa.

Un programa carece de credibilidad cuando el público percibe que el programa va a ser mantenido durante un cierto tiempo, pero que finalmente la tasa de inflación rebotará a niveles anteriores o, incluso, superiores a los del pasado. El fracaso de programas de estabilización se ha atribuido frecuentemente a la falta de confianza de los agentes privados en la capacidad de los gobiernos para perseverar en su esfuerzo de reformas y para mantener coherencia en el conjunto de políticas. Calvo y Vegh (1991 y 1992) analizan con detenimiento el impacto de la credibilidad sobre la dinámica y los resultados del proceso de estabilización, diferenciado según el tipo de ancla nominal (monetaria o cambiaria) que se utilice. En el caso de anclas cambiarias, cuando el anuncio de las autoridades sobre la detención de la devaluación es perfectamente creíble, la tasa de inflación cae instantáneamente y la economía real no sufre. Sin embargo, cuando se adopta un ancla monetaria y el anuncio de estabilización es creíble, la inflación también retrocede, pero la actividad económica entra en recesión inicialmente. La razón de ello reside en que la reducción de la inflación eleva la demanda real de dinero. Puesto que la oferta real de dinero está dada inicialmente debido a la pegajosidad de los precios, hace falta una reducción de la actividad económica para eliminar el exceso de demanda real de dinero. Esta reducción de la actividad es lograda 'por dos vías: una subida de la tasa real de interés y un encarecimiento relativo del precio de los bienes domésticos no transables, es decir, una apreciación real del tipo de cambio.

Llama la atención el hecho de que programas monetarios de estabilización siempre conducen a una contracción inicial del producto, mientras que programas basados en el tipo de cambio arrancan con una expansión inicial del consumo y del producto. El anuncio del programa de anclaje cambiario conduce a una expansión inicial del consumo y del producto, acompañada por una apreciación real del tipo de cambio, para posteriormente desembocar en contracción del consumo y del producto y en depreciación real del tipo de cambio. Este ciclo de negocios post anuncio del programa, que puede constatarse en la mayoría de los casos[69], es calificado por algunos como "desconcertante", ya que la sabiduría convencional nos dice que todo esfuerzo de reducir la inflación debería conducir a una contracción inicial de la actividad. La explicación de esta supuesta anomalía debe buscarse en la presencia de credibilidad imperfecta, que afecta de manera especial a los programas basados en el anclaje cambiario.

En programas de corte monetario bajo credibilidad imperfecta, las medidas de estabilización producen una reducción de las tasas de interés nominales, lo cual induce a un incremento de la demanda de saldos monetarios reales. Para mantener el mercado monetario en equilibrio, la actividad real tiene que descender inicialmente, para luego acercarse gradual-

---

[69] Kiguel y Liviatan (1991) confirman la existencia del ciclo en su estudio sobre los casos de Argentina y Brasil, así como en la mayoría de las experiencias de estabilización con anclaje cambiario. Rebelo y Vegh (1995) destacan también esta presencia del ciclo expansión-contracción en programas de estabilización basados en el tipo de cambio.

mente a su nivel de pleno empleo. En un régimen de ancla monetaria o de tipos de cambio flexibles, la política de estabilización siempre es recesiva inicialmente, independientemente del grado de credibilidad de la política, ya que el tipo de cambio real no puede apreciarse sustancialmente. Ahora bien, cuanto menos creíble sea el programa, menor será el impacto recesivo inicial, ya que menor será la reducción temporal de la inflación, menor será el alza de las tasas de interés reales y mayor será la apreciación real.

En programas de estabilización basados en el tipo de cambio, por el contrario, la falta de credibilidad permite la aparición de una mayor inercia inflacionaria, que genera una fuerte apreciación real del tipo de cambio e induce la expansión inicial de la actividad real. La aparición del ciclo se debe, por un lado, al hecho de que la reducción de la tasa de devaluación es considerada temporal o imperfectamente creíble por parte de los agentes y, por otro lado, a la existencia de pegajosidad de los salarios o los precios. Para entender la dinámica de reducción de la inflación es indispensable, por consiguiente, conocer la forma en que los agentes forman sus expectativas y cómo la credibilidad varía en el tiempo. El mecanismo funciona de la siguiente forma: cuando el programa basado en anclaje cambiario es implementado, se produce un incremento en el consumo de bienes transables y el consecuente déficit en la balanza de pagos. Ello es así porque el precio efectivo *spot* del consumo es una función creciente de la tasa (instantánea) de interés nominal. Dado que la tasa nominal de interés es el costo de mantener liquidez como alternativa al consumo, la expectativa de alzas futuras de la tasa nominal de interés reduce el precio actual del consumo. La expectativa de tasas de interés futuras más altas hace que el consumo *hoy* se incremente.

Por otra parte, en un contexto de movilidad perfecta de capital, la tasa de interés nominal se mueve proporcionalmente a

216

la tasa esperada de devaluación. La expansión inicial del consumo está asociada, primero, con la reducción de la tasa de interés nominal y, segundo, con la expectativa de alza futura de esa tasa de interés. Si el programa no goza de credibilidad perfecta, la esperada interrupción del programa de estabilización en un momento del tiempo implica que el precio efectivo esperado del consumo futuro se incrementa después de ese momento, lo cual induce a incrementar hoy el consumo de bienes transables antes de que suceda la interrupción del programa. Puesto que el tipo de cambio real, definido como precio relativo de los bienes transables respecto de los no transables, está predeterminado[70], el incremento de consumo de bienes transables debe ser acompañado por un incremento proporcional del consumo de bienes no transables.

Ello implica que en las primeras fases del programa de estabilización, la producción del sector de bienes no transables se ubica por encima de su nivel de pleno empleo, con lo cual la estabilización de precios en ese sector es más lenta que el ritmo de reducción de la tasa de devaluación. De esta forma, el tipo de cambio se aprecia en términos reales, al menos hasta el momento de discontinuidad del programa. Nótese que la apreciación real no es aquí producto de inercia inflacionaria, sino una consecuencia combinada de la expansión del consumo y del anclaje nominal del tipo de cambio. De forma progresiva, la apreciación real genera una caída de la demanda agregada de bienes domésticos y una contracción del producto. El mecanismo recesivo trabaja a través de las variaciones de la tasa de interés nominal, al igual que en la fase expansiva del ciclo. El

---

[70] El tipo de cambio real está predeterminado porque, primero, el plan de estabilización solo implica una reducción de la tasa de devaluación, mientras queda intacto el "nivel" del tipo de cambio y, segundo, porque el precio de los bienes domésticos (no transables) está también predeterminado a causa de la inflexibilidad temporal de los precios.

momento en el que se produce la contracción del producto dependerá de la extensión del lapso en que se espera que el programa sea descontinuado. Si el lapso es corto, el momento de interrupción marca una caída de una sola vez del consumo de bienes transables y del producto general. Si el lapso es largo, es probable que la contracción del producto suceda incluso antes del momento de interrupción del programa.

3. RECOMENDACIONES DE POLÍTICA DE ESTABILIZACIÓN

La importancia práctica de estas consideraciones se debe al hecho de que aportan elementos para la adopción de decisión sobre el tipo de ancla nominal más conveniente en función de la credibilidad existente. A modo de conclusión podemos decir que cuando la credibilidad del anuncio es perfecta, una estabilización basada en el anclaje cambiario es preferible, ya que la estabilización de corte monetario siempre viene acompañada de una dosis inicial de recesión, apreciación real y altas tasas reales de interés. Pero en un contexto de falta de credibilidad, una política de estabilización basada en el tipo de cambio es, *al final*, más costosa en términos de pérdida de empleo y de caída del producto, a causa de los efectos intertemporales de la tasa esperada de devaluación sobre el consumo. Mientras que en programas de ancla monetaria, los costos reales del programa tienden a desvanecerse en proporción a la falta de credibilidad. Cuanto menos creíble sea el programa, menores serán los efectos reales. Por esta razón, cuando la credibilidad de las autoridades está profundamente deteriorada, una estrategia monetaria, combinada con flexibilidad cambiaria, implica menos costo en el mediano plazo. A menor credibilidad, más "neutral" es el dinero.

El lado negativo de esta neutralidad real de mediano y largo plazo es que los programas monetarios no creíbles tampoco tienen efecto significativo sobre la inflación. Programas no perfectamente creíbles basados en el tipo de cambio, por el contrario, son más eficientes en la reducción de la inflación, al menos durante la vigencia temporal del programa, por la sencilla razón de que la estabilidad del tipo de cambio actúa como anclaje de los precios de los bienes transables. Lo que suceda con los precios de los bienes no transables no depende del tipo de programa adoptado, sino de los otros factores determinantes de la inflación doméstica.

Precisamente, esta mayor efectividad nominal de programas basados en el tipo de cambio se ha utilizado como un argumento a favor de regímenes cambiarios fijos en el caso de economías que vienen de una alta inflación. La elección de ancla nominal en un contexto de credibilidad imperfecta dependerá de la valoración que las autoridades hagan del costo de la recesión futura frente al beneficio de una menor inflación hoy. Obviamente, programas basados en el ancla cambiaria suelen ser preferidos por los gobiernos, ya que estos suelen valorar más una expansión económica con moderada reducción de la inflación hoy, que el costo de una mayor recesión *mañana*. Consideraciones electorales inclinarán todavía más la balanza hacia los beneficios inmediatos de la estabilización cambiaria.

Nuevamente, la construcción de credibilidad emerge como un factor clave en el abatimiento de la inflación. La dinámica de expansión-recesión arriba descrita es relativamente independiente de lo que el gobierno esté haciendo en materia de ajuste fiscal, lo cual no quiere decir que una buena gestión fiscal a la larga no redunde en un incremento de la credibilidad o que el ajuste fiscal no sea necesario para garantizar la permanencia de la estabilización de los precios. El punto aquí es que, en una primera instancia, el éxito o fracaso de los esfuerzos de estabilización dependerá altamente de cuál sea la percepción de los agentes económicos sobre la voluntad o la capacidad del gobierno para sostener esos esfuerzos en el tiempo.

Ahora bien, la percepción sobre la sostenibilidad de un programa basado en el anclaje cambiario estará también muy influenciada por cómo se perciba la capacidad de la política fiscal de implementar los necesarios ajustes internos. Como se sabe, en ausencia de flexibilidad cambiaria, el peso del ajuste recae casi exclusivamente sobre la gestión fiscal. La contracción fiscal funge como sustituta de la devaluación. Tanto el gobierno como los agentes privados sopesarán el costo relativo de la devaluación frente a la corrección fiscal, el cual dependerá altamente del grado de flexibilidad de los precios y salarios internos. Si estos son flexibles, especialmente hacia la baja, la contracción fiscal, a través de la reducción de la demanda agregada, será capaz de ajustar hacia abajo los precios de los bienes no transables en un tiempo relativamente corto. De esta forma se produce una depreciación real sin necesidad de recurrir a la devaluación nominal del tipo de cambio. La depreciación real mejora la competitividad externa del país y atenúa así el costo real, en términos de empleo y producto, de la contracción fiscal. Pero si los precios y salarios internos muestran rigidez, la contracción fiscal necesita ser más intensa o, en su defecto, el tiempo requerido para modificar el precio relativo de transables/no transables es más largo. El costo real del sobreajuste fiscal será más alto, con lo cual la tentación de recurrir a la devaluación nominal, es decir, de abandonar el ancla cambiaria será mayor y, por lo tanto, la credibilidad en el compromiso de las autoridades se resentirá.

En vista de que la mayoría de los países necesitados de programas de estabilización muestra una considerable rigidez de precios y salarios, parecería que la consideración de los costos reales esperados conspira contra la adopción de anclas cambiarias. Pero esta argumentación no toma en cuenta que el grado de rigidez o flexibilidad de los precios y salarios internos de una economía depende en gran medida de la estrategia de estabilización que se adopte. La rigidez o flexibilidad varía en función de la percepción que los agentes privados tengan sobre la firmeza del compromiso estabilizador de las autoridades. Los agentes privados fijan sus precios y salarios basados en expectativas racionales sobre el comportamiento de las autoridades. La creencia de que estas preferirán el uso de la devaluación antes que asumir el costo de una contracción fiscal, incrementará la resistencia de los asalariados a aceptar disminuciones de su salario real. En este caso es altamente probable la aparición de un ciclo acomodaticio perverso, en el que la rigidez salarial obliga a un uso cada vez más frecuente de la herramienta cambiaria, lo cual mina la credibilidad de nuevos anuncios de políticas contractivas e incrementa aún más la rigidez de precios y salarios. Pero también es pensable otro escenario en el cual la firmeza del ancla cambiaria obliga a los asalariados a moderar sus exigencias o, lo que es lo mismo, les obliga a aceptar una flexibilización de los salarios. Cuando un régimen de cambio fijo logra ser acompañado por una flexibilización del mercado laboral y del resto de los mercados de bienes y servicios, sus probabilidades de éxito se incrementan sensiblemente al reducir el potencial costo real de la rigidez cambiaria. No es sostenible, sin embargo, compensar a largo plazo diferenciales de productividad con mayores caídas del salario. Ciertamente, un anclaje cambiario que perdure en el tiempo exige un mínimo de sincronía entre las evoluciones de la productividad del país que ancla y el país cuya moneda sirve de ancla. Esta consideración es de vital importancia para países que consideren la dolarización de su economía como alternativa.

4. Objetivos cambiarios, objetivos monetarios o metas de inflación

La discusión sobre anclas nominales ha tenido un matiz algo distinto en el ámbito de los países desarrollados, donde los episodios de inestabilidad han sido relativamente menos frecuentes y más benignos. Son países que, por lo general, han optado por la flotación cambiaria, ya sea individualmente o en bloques. La decisión de preservar la autonomía monetaria excluye el uso de anclas cambiarias y obliga al uso de otro tipo de ancla nominal. Hasta ahora hemos hablado de anclas monetarias como alternativa, pero sin precisar más detalladamente el término y las opciones existentes dentro del campo de la autonomía monetaria. Una primera opción es el ancla monetaria propiamente dicha, donde algún *agregado monetario* sirve como objetivo intermedio de la política monetaria. Esta opción, sin embargo, ha estado sujeta a críticas relacionadas con la efectividad y el control de objetivos monetarios intermedios (base monetaria o diferentes medidas de liquidez). La relación entre estos objetivos intermedios y el objetivo final de una determinada tasa de inflación es altamente inestable y compleja, lo cual hace difícil predecir el impacto final que tendrán las variaciones de los agregados monetarios sobre el nivel de precios. Existe un *trade-off* entre el grado de control de la autoridad monetaria sobre un determinado agregado y el grado de causalidad entre ese agregado y el nivel de precios. La inestabilidad y complejidad de la relación se incrementan en la medida en que el agregado monetario está más bajo el control de la autoridad monetaria. La base monetaria y, aún más, el crédito interno neto son relativamente fáciles de influenciar por parte del banco central, pero su nexo con la inflación depende de otros muchos factores fuera de su control. Más inmediato es el nexo de medidas de liquidez ampliada (M4, por ejemplo) con la

222

inflación, pero la autoridad monetaria tiene un menor control sobre estos agregados.

Valga aquí el comentario de que, aun cuando el nexo entre el tipo de cambio y la inflación es más directo que el existente entre los agregados monetarios tradicionales y el nivel de precios, este nexo tampoco está totalmente exento de las dificultades que afectan a los objetivos intermedios. Especialmente en economías que han gozado de una larga trayectoria de baja inflación, el nexo entre tipo de cambio e inflación tiende a diluirse, lo cual debilita la capacidad del tipo de cambio para orientar las expectativas inflacionarias. Ciertamente, la utilización del tipo de cambio como ancla nominal es más efectiva en economías altamente indexadas a las variaciones cambiarias, lo cual suele ser típico en contextos de alta inflación previa. Es por esta razón que el anclaje cambiario se ha convertido en el instrumento preferido de los programas de estabilización en los países emergentes o en desarrollo. Ahora bien, una vez lograda la estabilización, puede observarse también en estos países la misma tendencia a implementar regímenes crecientemente basados en metas de inflación.

La decepción sobre el uso de agregados monetarios intermedios se basa también en consideraciones sobre el impacto diferenciado que los diversos regímenes monetario-cambiarios tienen sobre las expectativas de los agentes económicos. Hay creciente consenso sobre el papel central de la formación de expectativas en el resultado final de la inflación. Aquellos regímenes que consigan moderar más eficazmente las expectativas, serán los que mostrarán mejor desempeño inflacionario. Fundamental para la conformación de expectativas es el grado de visibilidad del objetivo de política, ya que a mayor visibilidad, mayor será la percepción de firmeza del compromiso adquirido y mayor será el costo político de su incumplimiento. En este sentido se hace presente aquí un segundo *trade-off* entre el grado de control y la visibilidad. Un objetivo de base monetaria es más controlable por parte de la autoridad monetaria, pero la incertidumbre y la ignorancia sobre el impacto final de variaciones del agregado sobre la inflación disminuyen el efecto sobre las expectativas inflacionarias del público. Un objetivo de inflación, por el contrario, aun cuando no es directamente controlable, es más visible para el público general y tiene, por lo tanto, un mayor efecto sobre las expectativas[71].

Con el propósito de superar estos obstáculos típicos de las anclas nominales convencionales, ya sean cambiarias o monetarias, surge la alternativa de regímenes basados directamente en *metas de inflación*[72]. La experiencia europea con las "zonas cambiarias", también denominadas "sistemas de bandas", dio pie a una interesante discusión sobre los méritos relativos de regímenes basados en objetivos de tipo de cambio en comparación con regímenes basados en metas explícitas de inflación. Cuando la zona cambiaria se define en función de un objetivo nominal, esta definición implica algún tipo de establecimiento de una meta de inflación. Incluso cuando el objetivo es un determinado tipo de cambio real, este es principalmente una resultante del diferencial de inflación con los socios comerciales. En ambos casos, la tasa de deslizamiento se establece como la

---

[71] Cukierman (1995) extrae dos implicaciones prácticas de esta relación entre visibilidad y credibilidad. La primera es que las metas de inflación son tanto más efectivas, cuanto más visibles estas sean. y la segunda es que regímenes basados en metas de inflación deberían ser adoptados en los casos extremos, es decir, tanto en presencia de muy alta credibilidad como en ausencia de esta.

[72] Dudas sobre la estabilidad de la relación entre objetivos intermedios y objetivos finales, así como dificultades técnicas para especificar esa relación son las que usualmente han reforzado la tendencia a apuntar directamente al objetivo de inflación. Ver Leidermann y Svensson (1995) con una recopilación de ensayos sobre experiencias de los países con objetivos de inflación, especialmente el ensayo de Alex Cukierman, que realiza una comparación sistemática de regímenes con objetivos monetarios y con objetivos de inflación.

diferencia entre la inflación interna y la proyección de la inflación externa. Surge inmediatamente la cuestión de por qué no dejar de lado la fijación de un objetivo nominal intermedio, como es el tipo de cambio, y más bien orientar directamente la política hacia la consecución del objetivo final de inflación. Este enfoque reuniría la mayor parte de las ventajas de un régimen basado en un objetivo cambiario, como serían la transparencia, visibilidad e inmediatez del indicador, pero permitiría mayor flexibilidad en la selección de la mezcla de políticas económicas. Cuando el régimen monetario-cambiario está basado en metas de tipo de cambio (o de zonas cambiarias), las políticas macroeconómicas deben supeditarse al objetivo cambiario. En un régimen monetario-cambiario basado en metas de inflación, todas las políticas macroeconómicas (fiscal, monetaria y cambiaria) están volcadas a la consecución de una meta de inflación.

La característica esencial de un régimen de metas de inflación es la especificación de una meta cuantitativa explícita de inflación. Típicamente, la especificación parte de la definición de un "índice", que permita medir de forma transparente, pública y oportuna la evolución de los precios. Lo usual es utilizar el índice general de precios al consumidor, pero en algunos casos suelen utilizarse índices "restringidos", que excluyen, por ejemplo, los precios de los combustibles y de los alimentos, por ser estos más volátiles y estacionales. Seguidamente debe establecerse un "nivel objetivo" del índice que se haya elegido. Normalmente, este objetivo se define más como un "intervalo de tolerancia" que como una cifra absoluta rígida, ya que de esa forma se toma en cuenta la presencia de perturbaciones exógenas y la complejidad de factores que afectan la inflación. La meta es ubicar la tasa dentro de un rango objetivo de inflación máxima y mínima. Es necesario también especificar el marco de tiempo para el cual será válida esa meta, usualmente un año fiscal. Finalmente suele ser frecuente definir "cláusulas de escape", que permitan desviaciones respecto de la meta en el caso de eventos extraordinarios, pero que amarren las expectativas de los agentes económicos sobre el rango de libertad que la autoridad económica tiene para el manejo de esos eventos.

La adopción de un régimen de metas de inflación suele estar asociada con un marco institucional, en el que se le confiere al banco central autonomía e independencia para volcarse a su objetivo primordial de estabilizar el nivel de precios. La independencia del banco central en el manejo de la política monetaria es una forma de contrarrestar el inevitable sesgo inflacionario que implica la preocupación de todo gobierno por el desempleo y la tentación de usar el tipo de cambio como herramienta anticíclica.

Históricamente se puede observar una mayoritaria inclinación al uso de metas explícitas de inflación como ancla nominal de los precios en contextos de autonomía monetaria y flexibilidad cambiaria. La adopción de regímenes basados en metas de inflación puede ser vista como un esfuerzo de continuar priorizando el objetivo nominal de baja inflación, pero sin verse constreñido a la defensa de un objetivo cambiario. Al disponer de otros instrumentos de política volcados también al logro de la meta de inflación, el tipo de cambio puede disfrutar de mayor flexibilidad cuando las circunstancias así lo requieran.

Ahora bien, no hay razón para excluir, en principio, la coexistencia de metas de inflación con objetivos intermedios (monetarios o cambiarios), siempre y cuando esos objetivos intermedios sean consistentes con la meta de inflación. Sin embargo, para que un régimen pueda ser catalogado como basado en meta de inflación, esta debe tener prioridad sobre cualquier otra meta. Es esencial que esta prioridad de la meta de inflación sea conocida públicamente. De presentarse un conflicto entre el objetivo cambiario-monetario y el objetivo de inflación, el primero debe ser abandonado en aras del objetivo de inflación.

En resumen, la cuestión sobre la conveniencia de la elección de un régimen u otro en programas de estabilización dependerá principalmente de los dos factores mencionados más arriba. Debe evaluarse, en primer lugar, el grado de indexación de los precios de una economía al tipo de cambio. Si por características estructurales de la economía o por experiencias inflacionarias pasadas el tipo de cambio es el precio que básicamente conforma las expectativas inflacionarias de los agentes económicos, no cabe duda de que un régimen cambiario rígido cumplirá mejor con su cometido de estabilización. Hay que tener en cuenta, en segundo lugar, el nivel de credibilidad del que gozan las autoridades económicas. Si las autoridades no gozan de credibilidad suficiente, el anuncio del compromiso de perseguir una meta de inflación no será suficientemente creíble. Pero dado que el tipo de cambio es un indicador más visible e inmediato que la misma meta de inflación, al menos en economías en desarrollo, es de esperar que el compromiso de fijar el tipo de cambio tenga más oportunidad de ser creído. En contextos de inflación alta y persistente se observa la presencia de los dos factores mencionados, razón por la cual los regímenes basados en objetivos cambiarios han sido preferidos sobre los basados en metas de inflación durante las primeras fases del proceso de estabilización. En el mundo desarrollado, sin embargo, el espectro de la decisión se ha movido entre integración monetaria con anclaje cambiario y flexibilidad cambiaria.

5. OBJETIVOS DE TIPO DE CAMBIO REAL Y SU IMPACTO INFLACIONARIO

El hecho de que la discusión se haya venido centrando crecientemente sobre la conveniencia de un tipo de ancla nominal u otro, es un reflejo de la también creciente toma de posición a favor del objetivo de estabilidad nominal de la economía. Implícita está también una concepción "no activista", algunos la llamarían "neoclásica", de la política económica, cuando se trata de crear el ambiente propicio para el crecimiento sostenido de una economía. Pero aun cuando su número ha ido en franco descenso, hay también quienes creen firmemente en la necesidad de apuntar directamente hacia objetivos de aquellas variables reales que afectan especialmente el desempeño de la economía, tales como la tasa de interés real o, especialmente, el tipo de cambio real. En aras del tratamiento completivo de la discusión sobre las anclas, dedicaremos esta última sección a analizar el impacto inflacionario de esta ancla del tipo de cambio real.

El tipo de cambio real puede ser definido como la relación entre el nivel de precio de los bienes transables y el nivel de precio de los bienes no transables de una economía. Una aproximación gruesa a este precio relativo de transables y no transables es la relación entre el nivel de precios externos, que se supone refleja el nivel de precio de los transables, y el nivel de precios internos, que se supone refleja el nivel de precio de los no transables. Se argumenta en este enfoque real que si lo que realmente importa es el crecimiento del producto y del empleo y si el tipo de cambio real es el precio clave que orienta la actividad económica, tiene sentido monitorear directamente esta variable y procurar guiarla hacia su nivel "adecuado". Dentro de la polaridad entre objetivos de estabilidad nominal o de crecimiento, esta concepción se pronuncia a favor del crecimiento.

Una política basada en un objetivo de tipo de cambio real busca mantenerlo en un nivel que permita preservar o, incluso, mejorar la competitividad externa. Si se trata de preservar la competitividad, la política actuará para mantener constante el tipo de cambio real, especialmente en presencia de perturbaciones económicas. La regla más usada consiste en devaluar el tipo de cambio nominal al ritmo del diferencial de inflación frente a los socios comerciales. Subyace a esta regla el supuesto de que el diferencial de inflación refleja básicamente la evolución del poder adquisitivo de una moneda. Cuando la meta es mejorar la posición competitiva, la política buscará mover el tipo de cambio real hacia un nivel más depreciado, en cuyo caso la tasa de devaluación superará temporalmente el diferencial de inflación con el exterior.

Dos son los cuestionamientos principales que se le pueden hacer a este enfoque. En primer lugar, la validez práctica y teórica del principio de la "paridad del poder de compra" como guía de política, ha sido intensamente debatida[73]. Los estudios empíricos indican que, en general, el principio no es una buena guía para entender el comportamiento del tipo de cambio en el corto y mediano plazo. El problema básico de este enfoque es que supone implícitamente que existe un tipo de cambio real de equilibrio constante y que las desviaciones respecto de un nivel pasado, que se consideraba de equilibrio, deben ser consideradas como no consistentes con el objetivo del equilibrio externo del país[74]. La historia monetaria mundial, sin embargo, está llena de episodios de desviaciones del tipo de cambio respecto de la senda marcada por el principio de la paridad. Pero esos movimientos del tipo de cambio frecuentemente no son "desviaciones", sino cambios permanentes en el nivel de equilibrio externo. Estos cambios provienen fundamentalmente de modificaciones de la estructura productiva transables-no transables, revoluciones tecnológicas, cambios en patrones de consumo, diferencias en la dotación de factores productivos, diferencias de crecimiento de las productividades entre países,

---

[73] Ver Balassa (1964), Heston y Summers (1988), Dornbusch (1992), Hakkio (1993) y Feenstra y Kendall (1994), entre otros.

[74] Ver Clark et al. (1994).

modificaciones del marco del comercio internacional, reformas tarifarias, etcétera. Adicionalmente, perturbaciones externas e internas están continuamente afectando el nivel de equilibrio del tipo de cambio real, sin que sea posible muchas veces discernir entre perturbaciones temporales y permanentes.

No tiene sentido económico, por lo tanto, trazarse el objetivo de mantener constante el tipo de cambio real, cuando sus determinantes básicos están en continua evolución. Pudiera responderse a esta objeción diciendo que el objetivo debe también moverse para reflejar la evolución de los determinantes reales. La dificultad estriba en calcular en cada caso el nivel de equilibrio del tipo de cambio. Esta es una tarea titánica ante la que han sucumbido sistemáticamente tanto econometristas como hacedores de política[75]. En nuestra opinión, la verdadera definición del nivel de equilibrio solo puede ser descifrarla ex post el comportamiento de la balanza de pagos. Un tipo de cambio es de equilibrio, cuando permite una senda de déficit o superávit de la cuenta corriente de la balanza de pagos que sea sostenible en el largo plazo mediante flujos compensatorios de la cuenta de capital. En la práctica, sin embargo, esta regla de definición del equilibrio equivale a conducir la política económica por el espejo retrovisor.

Otro problema adicional del enfoque de tipo de cambio real es que se basa en el discutible supuesto de que variaciones del tipo de cambio nominal se traducen en variaciones del tipo de cambio real. Solo de esta forma la manipulación del tipo de cambio nominal puede tener efecto real en el flujo de bienes y servicios con el exterior. Pero ello implica que los salarios nominales y, en general, los precios de los bienes no transables deben reaccionar con retardo a las modificaciones del tipo de cambio

---

[75] Ver Williamson (1994) para una discusión sistemática del problema de la estimación de tipos de cambio de equilibrio.

nominal. La experiencia ha demostrado, sin embargo, que la velocidad de respuesta de los precios y salarios internos se incrementa con la frecuencia de uso del instrumento cambiario, especialmente en contextos de altas tasas de inflación y de devaluación, hasta el punto de que las devaluaciones nominales dejan de tener todo efecto real. Se trata del mismo problema del carácter endógeno del grado de flexibilidad o rigidez de los precios y salarios internos respecto del régimen cambiario-monetario, al que hacíamos referencia más arriba. Regímenes basados en objetivos de tipo de cambio real son el paradigma de validación de la fijación acomodaticia de precios y salarios. Es esta velocidad de acomodación la que impide a la autoridad monetaria ejercer un impacto sobre el tipo de cambio real más allá del corto plazo.

El principal y más serio cuestionamiento del enfoque real se refiere a sus implicaciones para la estabilidad de los precios. Ante la ausencia de un ancla nominal, una regla de tipo de cambio real abandona los precios internos a la deriva. Adams y Gros (1986) fueron pioneros en advertir sobre el riesgo desestabilizador de reglas de tipo de cambio real. La adopción de tales reglas conduce a una indexación del tipo de cambio nominal y de la oferta monetaria al nivel de precios, cualesquiera sean los choques que lo afecten. La indexación de la oferta monetaria se produce a través de los efectos monetarios de las variaciones de la balanza de pagos. Frente a perturbaciones, la política monetaria y cambiaria es totalmente acomodaticia, lo que conduce a que las autoridades pierdan el control sobre el nivel de precios y la inflación se torne inestable.

Para entender mejor este efecto inflacionario, imaginémonos una situación de un choque de aumento de los ingresos por exportación. Este choque se traduce en una mejoría del ingreso real y en un incremento de la demanda global de bienes, que crea un exceso de demanda en el mercado de no transables. Bajo un régimen de cambio nominal fijo, este exceso de demanda se limpia a través de una apreciación real del tipo de cambio, es decir, un aumento del precio *relativo* de los bienes no transables. Pero bajo una regla de tipo de cambio real constante, la única forma de limpiar el exceso de demanda es a través del aumento *general* del nivel de precios, ya que la vía del ajuste por medio de una apreciación real está vedada. Recuérdese que bajo esta regla de tipo de cambio real constante, las autoridades devalúan el tipo de cambio nominal en proporción al diferencial de inflación entre transables y no transables.

Para contrarrestar el efecto inflacionario, las autoridades pueden intentar combinar el objetivo de tipo de cambio real con algún tipo de ancla monetaria. Caben pocas dudas, sin embargo, de que bajo perfecta movilidad de capital una política de mayor depreciación real conduce a un mayor nivel de inflación, ya que la oferta monetaria es endógena, es decir, determinada por la demanda. Tampoco el control del crédito sería una solución efectiva, puesto que la alta movilidad de capital implica que los activos domésticos y foráneos son sustituibles, con lo cual cualquier reducción del crédito interno sería compensada por una desacumulación de activos externos. Y si por efecto de medidas de esterilización o de control de capitales el impacto monetario de las variaciones de la balanza de pagos pudiera ser temporalmente neutralizado, la política de depreciación real se reflejaría en un mayor nivel de tasas reales de interés. Pero, tal como mencionáramos en el capítulo IV, la efectividad de políticas de esterilización y/o de control de capitales en el mediano plazo es muy baja. El resultado más probable del intento de depreciar el tipo de cambio real más allá de su supuesto nivel de equilibrio será alguna combinación de mayor inflación con mayor tasa real de interés. En consecuencia, el intento de mitigar el impacto inflacionario de un objetivo de tipo de cambio real con ayuda de un ancla monetaria tiene poca probabilidad de éxito.

EPÍLOGO:

CUANDO EL PROBLEMA ES LA DEFLACIÓN

La inflación es un flagelo que acostumbra azotar al mundo en oleadas: épocas turbulentas de desajustes económicos a causa del desbordamiento de la inflación han solido dar paso a fases de estabilidad de precios y saneamiento financiero. Lo novedoso del momento actual es que el péndulo de la variación de precios amenaza incursionar o ha incursionado ya en zona negativa en un buen número de países. Buena parte del mundo occidental desarrollado ha entrado en una situación donde el problema parece más bien ser el riesgo de deflación, es decir, de retroceso de los precios. Todas las alarmas están activadas, en buena medida por el fantasma del estancamiento en el que por más de dos décadas ha estado sumida la economía japonesa a causa de la deflación. Más hacia atrás, la dolorosa experiencia de la Gran Depresión de 1930 dejó importantes lecciones de lo que no se debe hacer en política monetaria cuando la economía entra en la espiral de depresión y deflación. La consigna hoy es que hay que evitar por todos los medios la instauración de la deflación, porque, una vez presente, cuesta mucho erradicarla. Cualquier esfuerzo, cualquier actuación de las autoridades, por muy heterodoxa que sea, parece justificada con tal de eludir la aparición de ese problema.

¿Por qué es tan nociva la deflación? Después de haber predicado tanto tiempo y con tanto énfasis contra los males de la inflación, a los economistas no les resulta fácil entender la nueva amenaza. Simplistamente uno pudiera pensar que una disminución de precios es buena para el consumidor, mejora el ingreso real de los trabajadores y es signo de avances en productividad y eficiencia. La dificultad deriva del hecho de que el fenómeno de la deflación, como ocurre con la inflación, no es el problema en sí, sino el reflejo de alguna enfermedad enquistada en el organismo económico. La deflación suele estar íntimamente asociada a la recesión económica prolongada, tanto por la vertiente de sus causas como de sus consecuencias. Inicialmente los precios bajan porque la confianza de los consumidores se desploma y con ella la demanda agregada de consumo e inversión, por lo que los precios caen. Posteriormente, la expectativa de menores precios futuros inhibe las decisiones de compra, el consumo sigue cayendo, la inversión se retrae y la economía entra en una espiral de decrecimiento. Depresión económica y deflación de precios van de la mano. Dicho en otras palabras, una inflación moderada es buena para animar la actividad económica; una deflación deprime la actividad.

Si como lo hemos repetido a lo largo del libro la política monetaria es poco efectiva a largo plazo para dinamizar la economía real, esta incapacidad se hace más evidente en contextos deflacionarios. El vínculo entre emisión monetaria y evolución del nivel general de precios pierde fuerza, razón por la cual las autoridades se encuentran casi impotentes frente al fenómeno. Para cuando se presenta el fenómeno de la deflación, la tasa nominal de interés suele encontrarse ya en niveles muy bajos y, ciertamente, la tasa real de interés pisa territorio negativo. El margen de maniobra de la autoridad monetaria cuando los tipos de interés son casi cero es muy reducido. Al banco central le queda el instrumento de la inyección de liquidez, lo que eufemísticamente se llama en inglés *quantitative easing*", pero debe hacerlo en cantidades muy importantes y sin casi posibilidad de garantizar el destino de esos recursos hacia la actividad económica a través de los canales crediticios. Y muy probablemente, cuando la autoridad económica decida quitarle el pie al acelerador, ya sea tarde para evitar la formación de nuevas burbujas especulativas.

¿Qué se puede decir sobre la relación entre régimen cambiario y deflación? ¿Es posible transferir, en modo espejo, al mundo de la deflación los vínculos que hemos desarrollado entre régimen cambiario e inflación? Como primera similitud podemos afirmar que los riesgos de propagación o contagio internacional de la deflación son mayores en el marco de regímenes de cambio fijos o en uniones monetarias. Ello es así por cuanto a través de la moneda común o de la fijación cambiaria los países comparten las políticas monetarias, los niveles de precios y el nivel de tasas de interés. En cuanto al segundo vínculo desarrollado en el capítulo II, el efecto trinquete o *ratchet effect* puede empezar a actuar de manera inversa en contextos depresivos de muy baja confianza del consumidor: es más fácil el derrumbe de los precios, especialmente de los precios de ciertos activos que han sido antes protagonistas del crecimiento exuberante, que su recuperación posterior. La flexibilidad de los precios hacia abajo y hacia arriba es asimétrica una vez sobrepasado cierto umbral depresivo.

En cuanto al tercer vínculo, referido al riesgo de entrar en una espiral de potenciamiento mutuo entre movimientos del tipo de cambio y movimientos de precios, es poco probable que esa espiral actúe en la fase descendente de precios en contextos de recesión. Una apreciación del tipo de cambio viene acompañada de un abaratamiento del componente importado del consumo y de la producción y, por ende, de una reducción de los precios. Sin embargo, las autoridades monetarias harán todo lo posible para evitar que la apreciación cambiaria erosione la competitividad de la economía nacional y agrave más la recesión. No existe ningún incentivo para entrar en una espiral de apreciación cambiaria y deflación.

La pregunta clave es, por un lado, si algunos regímenes cambiarios son más proclives a generar episodios de deflación, y, por otro lado, qué régimen cambiario facilita la tarea de sacar a la economía de la trampa de recesión-deflación. Lamentablemente, así como la relación entre régimen cambiario e inflación ha sido amplia y profusamente estudiada, no podemos decir lo mismo respecto al vínculo del régimen cambiario con la deflación. Contentémonos por el momento con apuntar a un par de elementos de carácter intuitivo.

El primer asunto que debe mencionarse es que, a diferencia de la inflación, especialmente la inflación alta, que tiene claramente en su origen un componente de señoreaje y expansión monetaria inadecuada, la deflación se origina por una caída de la demanda agregada y la consiguiente caída de la demanda real de dinero. No solamente los consumidores se sumen en la desconfianza; también los agentes financieros desarrollan una aguda aversión al riesgo y los canales de crédito e inversión se obstruyen o se cierran completamente. La economía queda atrapada en una trampa de liquidez, en la que la política monetaria se torna totalmente ineficiente no solo para conseguir objetivos reales, sino también para lograr impactos nominales, como la elevación de los precios.

En este contexto, el argumento de la disciplina financiera que pueda derivarse de un régimen cambiario u otro es irrelevante. Nada irrelevante, sin embargo, es el caudal de credibilidad del que la autoridad monetaria disponga para convencer a los mercados que hará "todo lo que sea necesario" para retomar la senda del crecimiento. El problema de la mayoría de los bancos centrales, especialmente del banco central europeo, es que están mentalmente condicionados a mantener la inflación a raya, nunca a elevarla para lograr reanimar la economía. Se da la paradoja de que en momentos de riesgo de deflación la reputación anti-inflacionaria de la que hacen gala los buenos bancocentralistas atenta contra la credibilidad de la promesa de hacer lo que sea necesario para alejar el fantasma de la recesión y la deflación. Para ello, nada que ate las manos de las autoridades y que las coarte para aplicar políticas heterodoxas y agresivas ayuda a construir esa credibilidad de nuevo cuño.

Vistas así las cosas, parece bastante evidente que regímenes de cambio fijo no son el arreglo más conveniente en tales circunstancias. Entre las herramientas que las autoridades puedan querer usar para inyectarle dinamismo a la economía se encuentra la variación del tipo de cambio. La apreciación real que acompaña al retroceso de la inflación necesitará ser contrarrestada por una devaluación nominal que le devuelva al sector productivo algo de la competitividad perdida. Al interior de una unión monetaria este recurso a la devaluación no será posible, razón por la cual el conjunto de países de la unión necesitará moverse en bloque en la dirección correcta frente al resto de las monedas del mundo. En cualquier caso, la flexibilidad cambiaria y la discrecionalidad en el huso de la herramienta cambiaria es un atributo de la política económica al que no se debe renunciar en estas circunstancias.

Por suerte o por desgracia, el riesgo de deflación está hoy circunscrito a un grupo reducido de países desarrollados, siendo el más connotado el bloque europeo. En el resto del mundo, especialmente en las economías emergentes y subdesarrolladas, la inflación sigue siendo el problema a tener en cuenta. Las consideraciones y recomendaciones desarrolladas en este libro sobre cómo la elección de régimen cambiario puede ayudar en el combate de la inflación, seguirán lamentablemente teniendo vigencia durante mucho tiempo para muchos países.

REFERENCIAS BIBLIOGRÁFICAS

AGENOR, P., (1993). "Credible Disinflation Programs", *IMF, PPAA/93/9.*

____, (1994a), "Credibility and exchange rate management in developing countries" *Journal of Development Economics*, 45(1), Oct.

AGHEVLI, B.; M. KHAN, y P. MONTIEL, (1991), "Exchange rate policy in developing countries: Some analytical issues", *IMF Occasional Papers* 78, marzo.

AGHEVLI, B. y P. MONTIEL, (1991), "Exchange rate policies in developing countries", en: Claassen, E. M., ed., *Exchange rate policies...*

ALESINA, A. y L. SUMMERS, (1993), "Central bank independence and macroeconomic performance", *Journal of Money, Credit and Banking*, 25.

ALESINA, R. y R. GATTI, (1995), "Independent central banks: Low inflation at no cost?", *The American Economic Review*, Vol. 85, N° 2.

ANDRÉS, J. e I. HERNANDO, (1997), "Does inflation harm economic growth? Evidence for the OECD", *Banco de España*, Documento de trabajo 9706.

BAILEY, M., (1956), "The welfare cost of inflationary finance", *Journal of Political Economy*, 64(29).

BALASSA, B., (1964), "The purchasing power parity doctrine: A reappraisal", *Journal of Political Economy*, Dec.

BARRO, R. y D. GORDON, (1983), "A positive theory of monetary policy in a natural rate model", *Journal of Political Economy*, 91.

BASEVI, G. y P. DE GRAUWE, (1997), "Vicious and virtuous circles: A theoretical analysis and a policy proposal for managing exchange rates". *European Economic Review*, Vol. 10.

BAXTER, M. y A. STOCKMAN, (1989), "Business cycles and the exchange-rate regime", *Journal of Monetary Economics*, March.

BAYOUMI, T. y B. EICHENGREEN, (1992), *Economic performance under alternative exchange rate regimes: Some historical evidence*, University of California, Berkeley.

BILSON, J., (1979), "The 'vicious circle' hypothesis", *IMF Staff Papers*, Vol. 26.

BLACK, S., (1978), "Policy responses to mayor disturbances of the 1970s and their transmission through international goods and capital markets", *Weltwirtschafliches Archiv*, Vol. 114(4).

____, (1992), "Seigniorage", en: Newman et al.: *The New Palgrave...*

BLEJER, M. y N. LIVIATAN, (1987), "Fighting hyperinflation: Stabilization strategies in Argentina and Israel", *IMF Staff Papers*, Vol. 34.

BOND, M., (1980), "Exchange rates, inflation and vicious circles", *IMF Staff Papers*, Vol. 27.

BORDO, M, (1993), 'The gold standard, Bretton Woods and other monetary regimes: A historical appraisal", *Federal Reserve Bank of St. Louis*, March/April.

BRUNO, M. y S. FISCHER, (1991), *Lessons of economic stabilization and its aftermath,*. MIT Press.

BUITER, W., (1986), "Fiscal prerequisites for a viable managed exchange rate regime: A non-technical eclectic introduction", NBER Working Paper N° 2041, Cambridge, Mass., Oct.

____, (2007), "Seigniorage", *NBER Working Paper* No. 12919.

CAGAN, P., (1956), "The monetary dynamics of hyperinflation", en: Milton Friedman, ed., *Studies in the quantity theory of money*, University of Chicago Press, Chicago.

_____, (1992), "Hyperinflation: theory", en: Newman et al., *The New Palgrave...*

CALVO, G. y C. VEGH, (1991), "Exchange-rate-based stabilization under imperfect credibility", *IMF Working Paper*, /91/77.

_____, (1992b), "Inflation stabilization and nominal anchors", *IMF, PPAA/92/4.*

_____, (1993), "Stabilization dynamics and backward-looking contracts", *IMF Working Paper*, WP /93/29.

CARDOSO, E., (1992), "Deficit finance and monetary dynamics in Brazil and Mexico", *Journal of Development Economies*, 37.

CLARK, P.; L. BARTOLINI; T. BAYOUMI y S. SYMANSKY, (1994), "Exchange rates and economic fundamentals: A framework for analysis", *IMF*, December.

CLAASSEN, E. (ED.), (1991), *Exchange rate policies in developing and post-socialist countries: An overview*, International Center for Economic Growth Publication, ICS Press, San Francisco.

CLICK, R.W. (1998), "Seigniorage in a Cross-Section of Countries", *Journal of Money, Credit and Banking*, Vol. 30, No. 2

COLLINS, S., (1994), "On becoming more flexible: Exchange rate regimes in Latin America and the Caribbean", *Paper presented at the VII IASE/NBER Meetings*, Mexico City, Nov.

CORDEN, W., (1993), "Exchange rate policies for developing countries", *Economic Journal*, 103.

CORNWALL, J., (1992),"Inflation and growth", en: Newman et al.: *The New Palgrave...*

CROCKETT, A y M. GOLDSTEIN, (1976), "Inflation under fixed and flexible exchange rates", *IMF Staff Papers*, 23.

CUKIERMAN, A., (1992), *Central bank strategy, credibility, and independence: Theory and evidence*, MIT Press, Cambridge.

_____, (1995), "Towards a systematic comparison between inflation targets and monetary targets", en: Leiderman y Svensson, eds., *Inflation targets.*

DEBELLE, G. y D. LAXTON, (1996), "Is the Phillips Curve really a curve? Some evidence for Canada, The United Kingdom, and The United States", *IMF Working Paper, WP /96/111*.

DE GRAUWE, P., (2009), *Economics of Monetary Union*, Oxford University Press.

DE KOCK, G. y V. GRILLI, (1993), "Fiscal policies and the choice of exchange rate regime", *Economic Journal*, 103.

DORNBUSCH, R., (1976a), "Exchange rate expectations and monetary policy", *Journal of International Economics*, 6, Aug.

____, (1976b), "Expectations and exchange rate dynamics", *Journal of Political Economy*, Dec.

____, (1988), *Exchange rates and inflation*, MIT Press.

____, (1992), "Purchasing power parity", en: Newman et al, *The New Palgrave…*

DORNBUSCH, R. y S. FISCHER, (1993), "Moderate inflation", *The World Bank Economic Review*, Vol. 7, N° 1.

DORNBUSCH, R. y A. GIOVANNINI, (1990), "Monetary policy in the open economy", en: Friedman y Hahn, eds., *Handbook…*

DORNBUSCH, R.; F. STURZENEGGER y H. Wolf, (1990), "Extreme inflation: dynamics and stabilization", *Brookings Papers on Economic Activity*, 2.

DRAZEN, A. y P. MASSON, (1994), "Credibility of policies versus credibility of policymakers", *Quarterly Journal of Economics*, 109.

DWYER, G., (1993), "Rules and discretion in monetary policy", *Federal Reserve Bank of St. Louis*, May/June.

EASTERLY, W.; C. RODRIGUEZ y K. SCHMIDT-HEBBEL (eds.) (1994). *Public sector deficits and macroeconomic performance*, World Bank.

EDWARDS, S., (1996), "Exchange rate regimes and macroeconomic discipline", World Bank and NBER, Paper presented at the American Economic Association Annual Meetings.

____, (2006), "Monetary Unions, external shocks and economic performance: a Latin American perspective", *Working Paper*

12229, National Bureau of Economic Research, Cambridge, MA, May.

EICHENGREEN, B., (1995), 'The endogeneity of exchange rate regimes", en: Kenen, ed., *Understanding...*

FEENSTRA, R. y J. KENDALL, (1994), "Pass-through of exchange rates and purchasing power parity", *NBER Working Paper*, N° 4842, Aug.

FERNÁNDEZ, R., (1991), "Exchange rate policy in countries with hyperinflation: The case of Argentina", en: Claassen, E. M., ed., *Exchange rate policies...*

FISCHER, S., (1977), "Stability and exchange rate systems in a monetarist model of the balance of payments", en: Aliber, R., ed., *The political economy of monetary reform...*

FISCHER, S., (1982), "Seigniorage and the case for a national money", *Journal of Political Economy*, 90.

_____, (1990), "Rules versus discretion in monetary policy", en: Friedman and Hahn, eds., *Handbook...*

_____, (1995), "Central-bank independence revisited", *The American Economic Review*, Vol. 85, No. 2.

FLOOD, R.; J. BHANDARI y J. HORNE, (1989), "Evolution of exchange rate regimes", *IMF Staff Papers*, 36(4), Dec.

FRIEDMAN, B. y F. HAHN, (1990), *Handbook of monetary economic*, North-Holland, Amsterdam.

FRIEDMAN, M., (1953),. "The case for flexible exchange rates", en: *Essays in positive economics*, University of Chicago Press, Chicago.

_____, (1968), "The role of monetary policy", *American Economic Review*, 58 (1).

_____, (1971), "Government revenue from inflation", *Journal of Political Economy*, 79 (4).

GHOSH, A.; A. GUILDE; J. OSTRY y H. WOLF, (1995), "Does the nominal exchange rate regime matter?", *IMF Working Paper, WP /95/121.*

GIAVAZZI, F. y A. GIOVANNINI, (1989), *Limiting exchange rate flexibility: The european monetary system*, Cambridge, MIT Press.

GIAVAZZI, F. y M. Pagano, (1988), "The advantage of tying one's hands: EMS Discipline and Central Bank Credibility", *European Economic Review*, 32.

GOMME, P., (1993), "Money and growth revisited", *Journal of Monetary Economics*, Vol. 32.

GRILLI, V., (1989), "Exchange rates and seigniorage", *European Economic Review*, 33.

GUITIÁN, M., (1992), "Rules and discretion in international economics policy", *IMF Occasional Paper*, 97.

HABERLER, G., (1937), *Theory of international trade with its applications to commercial policy*, New York.

HAKKIO, C., (1993), "Is purchasing power parity a useful guide to the dollar?", *Federal Reserve Bank of Kansas City Economic Review*, III Q.

HALL, R.E., (1982), *Inflation: Causes and Effects*, University of Chicago Press.

HESTON, A. y R. SUMMERS, (1988), "What we have learned about prices and quantities from international comparisons", *American Economic Review*, 78.

INTERNATIONAL MONETARY FUND, (2011), *Annual Report on Exchange Arrangements and Exchange Restrictions*, IMF.

JOHNSON, H., (1969), "The case for flexible exchange rates", *Federal Reserve Bank of St. Louis Review*.

_____, (1973), "The monetary approach to balance of payments theory", en: *Further essays in monetary economics*, Harvard University Press, Cambridge.

JONES, R. y P. KENEN, (1985), *Handbook of international economics*, North Holland, Amsterdam.

KAMAS, L., (1995), "Monetary policy and inflation under the crawling peg: Some evidence from VARS for Colombia", *Journal of Development Economics*, Vol. 46, N° 1.

KENEN, P., (ed.), (1995), *Understanding interdependence: The macroeconomics of the open economy*, Princeton University Press.

KEYNES, J.M., (1923), *A tract on monetary reform*, MacMillan, London.

KIGUEL, M. y N. LIVIATAN, (1991), "The inflation-stabilization cycles in Argentina and Brazil", en: Bruno et al., *Lessons of economic...*

KORMENDI, R. y P. MEGUIRRE, (1985), "Macroeconomic determinants of growth: Cross-country evidence", *Journal of Monetary Economics*, 16(2).

KRUGMAN, P., (1979), "A model of balance-of-payments crises", *Journal of Money, Credit and Banking*, Aug.

KRUGMAN, P. y M. OBSTFELD, (2009), *International economics: Theory and Policy*, Pearson, Boston.

KYDLAND, F. y E. PRESCOTT, (1977), "Rules rather than indiscretion: The inconsistency of optimal plans", *Journal of Political Economy*, Vol. 85.

LACH, S. y D. TSIDDON, (1992), "The behavior of prices and inflation: An empirical analysis of disaggregated price data", *Journal of Political Economy*, Vol. 100 (29).

LEIDERMAN, L. y L. SVENSSON, (eds,) (1995), *Inflation targets*, CEPR, London.

LITTLE, L.; R. COOPER; W.M. CORDEN y S. RAJAPATIRANA, (1993), *Boom, crisis and adjustment: The macroeconomic experience of developing countries*, World Bank, Oxford University Press,

LUCAS, R., (1972), "Expectations and the neutrality of money", *Journal of Economic Theory*, 4(2).

_____, (1973), "Some international evidence on output-inflation tradeoffs", *American Economic Review*, Vol. 63(3).

MACDONALD, R., (1988), *Floating exchange rates, Theories and evidence*, Unwind Hyman, London.

MCCALLUM, B., (1984), "Are bond financed deficits inflationary?", *Journal of Political Economy*, Feb.

_____, (1995), "Two fallacies concerning central-bank independence", *The American Economic Review*, Vol. 85, N° 2.

MILESI-FERRETTI, G., (1995), "The disadvantage of tying their hands: On the political economy of policy commitments", *The Economic Journal*, 105.

MILLS, T. y G. WOOD, (1993), "Does the exchange rate regime affect the economy?", *Federal Reserve Bank of St. Louis Review*, 75(4), July.

MIMFORD, P., (1992), "Time inconsistency in monetary policy", en: Newman et al., *The New Palgrave*...

MONTI, M., (1976), *The "new inflation" and monetary policy*, MacMillan, London.

MONTIEL, P., (1989), "Empirical analysis of high-inflation episodes in Argentina, Brazil and Israel", *IMF Staff Papers*, 36(3).

MONTIEL, P. y J. OSTRY, (1993), "Real exchange rate targeting in developing countries", *IMF Paper on Policy Analysis and Assessment*, PPAA/93/2, Jan.

MUNDELL, R.A., (1961), "A Theory of Optimum Currency Areas", *The American Economic Review*, Vol. 51, No. 4, Sept.

_____, (1965), "Growth, stability and inflationary finance", *Journal of Political Economy*, 73.

_____, (1976), "The 'new inflation' and flexible exchange rates", en: Monti, M., ed., *The "new inflation" and monetary policy*, MacMillan, London.

MUTH, J., (1961), "Rational expectations and the theory of price movements", *Econometrica*.

NEWMAN et al., (1992), *The New Palgrave Dictionary of Economics*, Stockton Press, N. Y.

PARKIN, M., (1992), "Inflation", en: Newman et al, *The New Palgrave*...

PHAUP, D., (1974), "Reserve changes and the discipline argument", *Atlantic Economic Journal*, Vol. 2.

PHELPS, E., (1968), "Money, wage dynamics, and labor market equilibrium", *Journal of Political Economy*, 76 (4).

PURROY, M. I., (2006), *Régimen cambiario e inflación: un enfoque de economía política*, Banco Central de Venezuela, Caracas, Segunda Edición.

_____, (2013), *¿Moneda común o propia?. Teoría y experiencias de la integración monetaria*, Edit. La Hoja del Norte, Caracas.

QUIRK, P., (1994), "Fixed or floating exchange rate regimes: Does it matter for inflation?" *IMF Working Paper, WP / 94 /134*, Nov.

REBELO, S, y C. VEGH, (1995), "Real effects of exchange rate-bases stabilization: An analysis of competing theories", *NBER Working Paper*, N° 5197, July.

REINHART, C. y K. ROGOFF, (2004), "The Modern History of Exchange Rate Arrangements: A Reinterpretation.", *Quarterly Journal of Economics*, 119 (1)

_____, (2010), "From Financial Crash to Debt Crisis", February.

RODRIK, D., (1996), "Understanding economic policy reform", *Journal of Economic Literature*, Vol. XXXIV.

ROGOFF, K., (1985), "The optimal degree of commitment to an intermediate monetary target", *Quarterly Journal of Economics*, Nov.

ROMER, D., (1993), "Openness and inflation: theory and evidence", *Quarterly Journal of Economics*, Vol. CVIII.

ROSE, A.K., (2011), "Exchange Rate Regimes in the Modern Era: Fixed, Floating, and Flaky", *Journal of Economic Literature*, 49(3).

RULAND, L.J. y J.M. VIAENE, (1993), "The political choice of the exchange rate regime", *Economics and Politics*, 5(3).

SARGENT, T., (1982), "The end of four big inflations", en: Hall, R., ed., *Inflation: Causes and effects*, University of Chicago Press, Chicago.

SARGENT, T. y N. WALLACE, (1975), "Rational expectations, the optimal monetary instrument, and the optimal money supply rule", *Journal of Political Economy*, 83.

____, (1981), "Some unpleasant monetarist arithmetic", *Federal Reserve Bank of Minneapolis Quarterly Review*, fall.

SVENSSON, L., (1994), "Fixed exchange rates as a means to price stability: What have we learned?", *European Economic Review*, 38.

TANZI, V., (1977), "Inflation, lags in collection, and the real value of tax revenue", *IMF Staff Papers*, March.

TOBIN, J., (1965), "Money and economic growth", *Econometrica*, 33 (4).

TORNELL, A. y A. VELASCO, (1995), "Fiscal discipline and the choice of exchange rate regime", *European Economic Review*, 39 (3/4).

____, (2000), "Fixed versus Flexible Exchange Rates: Which Provides more Fiscal Discipline?" *Journal of Monetary Economics*, 45(2): 399–436.

WALSH, C., (1995), "Optimal contracts for central bankers", *American Economic Review*, 85 (1).

WILLIAMSON, J., (1974), "Exchange rate flexibility and reserve use", *IMF Working Paper*.

____, (ed.), (1994), *Estimating equilibrium exchange rates*, Institute for International Economics, Washington.

ÍNDICE DE CUADROS Y GRÁFICOS

1. CUADROS

2. GRÁFICOS

SOBRE EL AUTOR

Miguel Ignacio Purroy Unanua, con grados en Economía, Ciencias Políticas y Filosofía de las universidades de Hamburgo y Múnich, ha ejercido simultáneamente la docencia y la dirección de empresas financieras. Desde su paso por el Directorio del Banco Central de Venezuela y su trabajo de investigación como profesor invitado en la Universidad de Oxford se ha especializado en teoría monetaria internacional, con énfasis en la economía cambiaria y su relación con la economía política. Es autor de varios libros sobre la materia.

www.ingramcontent.com/pod-product-compliance
Lightning Source LLC
Chambersburg PA
CBHW020858180526
45163CB00007B/2554